Mascha Kauka

Grillen

Redaktion: Mascha Kauka, Ingeborg Pils, Dipl. oec. troph. Andrea Brenner
Fotos: Busche Verlagsgesellschaft / Friederun Köhnen: S. 38, 46, 70, 94, 95, 96, 99; Komplett-Büro: S. 9, 12, 27; A. Müller: S. 144; Dr. Muth PR: S. 41; Ringpress: S. 138; Union Deutsche Lebensmittel: S. 6; alle übrigen Fotos: Hans Döring und RV-Officin, Károly Hemzö
Titelmotiv: Food Archiv
Gesamtherstellung: NEUER HONOS VERLAG, Köln

Mascha Kauka

Grillen

Inhalt

Einleitung

Kulinarisches Feuer

Einst wurde das Feuer als Geschenk der Götter verehrt. Und lange, bevor unsere Ahnen den Kochtopf erfanden, garten sie ihre Jagdbeute an Spießen über dem offenen Feuer oder auf Rosten aus grünem Holz über der Glut. Am Prinzip hat sich in den vergangenen Jahrtausenden wenig geändert. Der Grillrost ist inzwischen aus nichtrostendem Metall, das Feuer brennt nicht mehr in einer Grube, sondern in einem sicheren Metallbehälter, und ein Motor nimmt uns das mühsame Drehen des Bratspießes mit der Hand ab. Zudem wissen wir inzwischen, warum uns Gegrilltes so gut schmeckt: Ernährungswissenschaftler haben uns gesunde Argumente für den Geschmack am Selbstgebrutzelten geliefert.

Grillgeräte

In Haushalten werden vorwiegend Geräte mit Strahlungshitze verwendet. Dies ist nicht so urig wie das Grillen am offenen Feuer, aber es hat seine Vorteile: Grillen ist das ganze Jahr über, unabhängig vom Wetter, möglich, es macht weniger Arbeit, und das Ergebnis ist sicherer. Bei dieser Form des Grillens geschieht dasselbe wie beim Grillen über Holzkohle: Die Strahlungshitze läßt das Eiweiß in den äußeren Schichten gerinnen. Es bildet sich eine schützende Kruste, die Saft, Aroma und Nährstoffe einschließt. Zeitgemäße Backöfen und Mikrowellengeräte sind ohne Grillvorrichtung nicht mehr denkbar. Die Hitze von oben bringt sogar Vorteile. Die Zubereitung ist für das Grillgut schonender, weil kein Fett auf die Hitzequelle tropfen und dort verbrennen kann. Wer zusätzlich Alufolie verwendet, ist auf der „sauberen Seite“ und spart Zeit. Die Alufolie wirkt wie ein Reflektor der Strahlungshitze von oben, wodurch das Garen beschleunigt wird. Bei Geräten mit mehreren Grillstufen sollte man immer sehr intensiv beginnen und dann eventuell zurückschalten (z. B. für zarte Fische).

Neben Backofen und Mikrowellen gibt es für die Küche außerdem:

Tischgrillgeräte

Sie werden in verschiedenen Ausführungen und Größen im Handel angeboten und sind mit Drehspieß, Fettpfanne, Rost und meist mit einer Zeitschaltuhr ausgestattet, die das Gerät nach Ende der Grillzeit selbsttätig ausschaltet.

Elektrotischgrill

Hier macht das Wasserbad ein fast rauchfreies Grillen direkt am Tisch möglich. Der Elektrogrill hat eine emaillierte Schale, die mit Wasser gefüllt wird. Der Wasserdampf sorgt dafür, daß Fisch und Fleisch auf dem Grillrost zart und saftig bleiben.

Kontaktgrillgeräte

Das Grillgut wird zwischen zwei verschiebbare Heizflächen eingeklemmt, man braucht es nicht zu wenden. Dabei sind die Garzeiten etwas kürzer als beim Strahlungsgrill.

Für drinnen und draußen geeignet ist der elektrische Party-Grill mit Alu-Guß- oder Ceran-Glaskeramik-Grillfläche, der sich wie ein Servierwagen überall hinfahren läßt. Beim Grillen entstehen keine Schadstoffe, und das Gargut verliert weniger Gewicht.

Geräte für das Grillen im Freien

Unabhängig von den unterschiedlichen Formen, Größen und Ausführungen bestehen alle Geräte zum Grillen im Freien im wesentlichen aus zwei Teilen, einem Teil für die Glut oder einer anderen Hitzequelle und einem Rost oder Drehspieß für das Grillgut. Neben dem Holzkohle- und dem Lavasteingrill sind inzwischen Geräte auf dem Markt, die mit Gas eine porzellanisierte Grillplatte oder einen Grillrost beheizen. Die umwelt- und nachbarfreundlichen Geräte bieten viel Platz für das Gargut und ermöglichen rauchfreies Grillen.

Grillen ist nicht nur zeitsparendes und schonendes Kochen. Nichts hebt an lauen Sommertagen unsere Stimmung mehr als der verheißungsvolle Duft gewürzter Grilladen. Und es ist nicht der kulinarische Genuß allein, der dem Grillen so viel Anziehungskraft verleiht. Es macht einfach Spaß, im geselligen Kreis von lieben Gästen zu reden und zu trinken, während die Fische, Würste oder Steaks auf dem Grill garen.

Ganz ohne Regeln geht es auch beim Grillen nicht. Deshalb einige Tips und Anregungen für den Umgang mit dem Feuer.

Vor dem Grillen

Perfekte Vorbereitung macht den Grillmeister. Vermeiden Sie Streß und unnötiges Suchen und legen Sie sich rechtzeitig wichtige Utensilien bereit:
– genügend Alufolie zum Auslegen des Grills oder Einwickeln von Kartoffeln und Gemüse,
– einen Pinsel mit Naturborsten, um das Grillgut mit Öl oder Marinade zu bestreichen,
– Grillbesteck mit Grillgabel, -zange und Wendeschaufel,
– ein Tranchierbrett mit Saftrinne,
– ein scharfes Messer oder ein Tranchierbesteck,
– Handschuhe oder Topflappen und
– eine Schürze, denn Fettspritzer lassen sich beim Grillen kaum vermeiden.

Voraussetzung für ein erfolgreiches Gelingen ist die ausreichende Hitze am Grill. Wenn Sie mit Holzkohle grillen, warten Sie, bis die Holzkohlestückchen mit einer feinen weißen Ascheschicht überzogen sind, dann hat die Glut die richtige Temperatur.

Halten Sie genügend Abstand zwischen Glut und Grillrost und legen Sie das Gargut erst auf, wenn der Rost ausreichend heiß ist. Er muß vorher mit Öl bestrichen werden, damit nichts anklebt.

Genuß ohne Reue

Beim Grillen wird das Fleisch durch die Strahlungshitze direkt gegart. Das hat aus ernährungswissenschaftlicher Sicht einen wesentlichen Vorteil: Durch die direkte Hitzestrahlung schließen sich die Poren sofort, das Fleisch behält neben seinem charakteristischen Aroma seine wertvollen Nährstoffe. Das sind vor allem Eiweiß, lebenswichtige Vitamine und Mineralstoffe.

Weil das Grillen obendrein eine fettarme Zubereitung ist, sind die Gerichte besonders gut bekömmlich, kommen der schlanken Linie zugute, und werden oft auch von Diätkranken vertragen.

Ein Wermutstropfen fällt allerdings auf die heiße Glut: Unter bestimmten Bedingungen entwickeln sich beim Grillen schädliche Stoffe.

Vermeiden Sie deshalb, auf Holzkohle- und Lavagrills fettes Fleisch und fette Würste zu legen, weil das in die Glut tropfende Fett sich zersetzt und Benzpyrene bildet, die mit dem Rauch aufsteigen und sich am Fleisch absetzen.

Außerdem sollten generell keine gepökelten Fleisch- und Wurstwaren wie Kasseler, gekochter Schinken oder Wiener Würstchen gegrillt werden.

Das Nitrat des Pökelsalzes verbindet sich bei den hohen Gartemperaturen mit dem Eiweiß des Fleisches zu sogenannten Nitrosaminen, die wie die Benzpyrene gesundheitsschädlich sein können. Kaufen Sie deshalb spezielle Grillwürste sowie grobe und feine Bratwürste.

Gegrillte Köstlichkeiten

Zum Grillen eignen sich fast alle Fleischarten einschließlich der Innereien, außerdem einige Gemüse und Früchte, Fisch und Wild. Bleiben wir beim Fleisch. Vom Rind sollten Sie Steaks, Lende und Rouladenfleisch wählen, vom Schwein Schnitzel, Kotelett, Nacken, Rollbraten, Haxen, Rippchen und Lende, vom Lamm Keule und aus dem Rücken geschnittene Koteletts.

Die Garzeiten richten sich nach Sorte, Dicke und Größe des Grillguts. Allgemein rechnet man pro 1 cm Fleischdicke 1–2 Minuten zum Durchgaren. Bei Würstchen reichen gewöhnlich 5 Minuten für jede Seite.

Eine einfache Methode, um den Garzustand zu überprüfen, ist der Drucktest mit dem Gabelrücken. Gibt das Fleisch stark nach, ist es im Kern noch rot. Bei federndem Nachgeben ist es rosa und bei fester Reaktion auch im Inneren durchgegart. Vorsicht: Stechen Sie nicht in das Fleisch, weil sonst der wertvolle Fleischsaft verloren geht.

Würziges zu Grillgerichten

Grillen macht Spaß, und Gegrilltes schmeckt gut – wenn es ordentlich gewürzt ist, d. h. kräftig, der Vehemenz dieser Garmethode angepaßt. Da der Grillvorgang nicht geeignet ist, die Speisen viel Aroma aufnehmen zu lassen, wird vorher mariniert, während des Grillens würzig bestrichen und das Ergebnis mit einer pikanten Sauce gereicht.

Marinieren

Viele Rezepte empfehlen, das Grillgut (hauptsächlich Fleisch, Innereien, Geflügel und Fisch) vorher zu marinieren. Dies kann je nach Rezept von 1/2 Stunde bis zu 1 Tag in Anspruch nehmen. Also rechtzeitig mit der Vorbereitung beginnen, damit die Marinade Zeit hat, ihre schmackhafte Wirkung zu entfalten.

Beliebt sind flüssige Marinaden aus Öl und Zitronensaft oder Wein. Die Gewürze und Kräuter müssen dabei auf die Art des Grillguts abgestimmt sein. Man legt die Stücke in eine weite, flache Schale, in eine Form in die Saftpfanne des Backofens, übergießt mit der angerührten Marinade, bedeckt das Gefäß mit Folie und läßt es je nach Rezept mehrere Stunden oder über Nacht ziehen. Vor dem Grillen werden die Stücke aus der Marinade gehoben und trockengetupft.

Achtung: Alle Beizen und Marinaden sollten salzlos sein. Das Gargut wird erst direkt vor dem Grillen mit Salz gewürzt.

Praktisch ist auch die Trockenbeize: Ein ganzes Stück Fleisch oder Portionsstücke wie Koteletts oder Steaks werden mit Öl eingerieben. Dann wird eine zur Fleischart passende Würzmischung aus gestoßenen Körnern und Kräutern in das Fleisch einmassiert.

Das Fleischstück bzw. die aufeinandergestapelten Scheiben eng in umweltfreundliche Klarsichtfolie einwickeln und mehrere Stunden oder über Nacht im Kühlschrank ruhen lassen. Vor dem Grillen werden die Gewürze großzügig abgestreift. Wurden frische Kräuter verwendet, muß man sie ganz entfernen. Sie würden beim Grillen nur verbrennen und bitter schmecken.

Kräuter

Auch beim Grillen gilt die Küchenregel, daß Kräuter und Gewürze den Eigengeschmack von Fisch und Fleisch hervorheben, nicht aber überdecken sollen. Hier einige Tips, was außer Pfeffer und Salz zu den verschiedenen Fleischsorten paßt:

– Majoran, Oregano und Basilikum harmonieren mit Lamm- und Schweinefleisch.
– Salbei und Rosmarin eignen sich für Steaks, Rinderkoteletts und Lamm, sollten aber wegen ihres intensiven Aromas sparsam dosiert werden.
– Ein Schlückchen Sherry, Madeira, Cognac oder Wacholderschnaps geben dem Fleisch eine besondere Note.

Grillöl

Grillgut braucht eine schützende Fettschicht, d. h. fast alles wird mit Öl eingestrichen. Was liegt da näher, als dieses Öl mit würzenden Zutaten zu vermischen? Zwar gibt es fertiges Grillöl zu kaufen, doch man kann es mühelos auf Vorrat selbst herstellen. Kräuter wie Thymian und Rosmarin und Gewürze wie Knoblauch und Chilischoten sind in Öl besonders gut aufgehoben, denn die Würze geht in das Öl über und kann sich damit nicht verflüchtigen.

Beilagen

Nun liegt das appetitlich gebrutzelte Stück auf dem Teller, und was gibt es dazu? Zu dem rauchigen Geschmack von Gegrilltem passen am besten Saucen, Chutneys und Beilagen mit ausgeprägtem Eigengeschmack. Und natürlich frische, knackige Salate und marinierte Gemüse. Ein Weidenkorb mit verschiedenen Brotsorten und knusprigen Brezeln sieht nicht nur dekorativ aus, sondern stillt auch den kleinen Hunger zwischendurch.

Ein Tip zu den Getränken: Zu einem gelungenen Grillfest gehört neben Weiß- und Rotwein ein kühles Bier – am besten frisch gezapft. Mineralwasser und Fruchtsäfte für Ihre autofahrenden Gäste sollten nicht vergessen werden.

Fleischgerichte

T-Bone-Steaks

Leider bekommt man in Deutschland selten echte amerikanische T-Bone-Steaks, weil bei uns die Rinder anders zerlegt werden. Deshalb die Steaks beim Metzger rechtzeitig vorbestellen.

4 Portionen

4 T-Bone-Steaks
4 Knoblauchzehen
frisch gemahlener Pfeffer
2 EL scharfer Senf
4 Messerspitzen Cayennepfeffer
Öl zum Bestreichen
Salz

Die Steaks waschen und trockentupfen.

Die Knoblauchzehen abziehen und im Mörser zerdrücken. Mit Pfeffer, dem Senf und dem Cayennepfeffer verrühren und die Paste auf die Steaks streichen. Das Fleisch auf beiden Seiten einölen und 1 Stunde ziehen lassen.

Die Steaks leicht salzen und bei mittlerer Hitze auf einer Seite etwa 10 Minuten grillen, bis der Fleischsaft austritt. Dann die Steaks wenden und je nach Dicke weitere 5 bis 8 Minuten grillen.

Dazu passen in der Folie gegarte Kartoffeln, gemischter Salat und Kräuterbutter.

Gegrillte Porterhousesteaks

Porterhousesteaks beim Metzger vorbestellen. Die Steaks 2 Stunden marinieren

4 Portionen

- 2 Porterhousesteaks à 600 g
- 2 Knoblauchzehen
- 1/2 Bund glatte Petersilie
- 1 TL Rosmarinnadeln
- Salz
- frisch gemahlener Pfeffer
- Öl zum Bestreichen

Den Fettrand der Steaks bis auf 1/2 cm entfernen und mehrfach einritzen.

Die Knoblauchzehen abziehen. Den Knoblauch mit der Petersilie und dem Rosmarin fein hacken und die Steaks damit einreiben. Zugedeckt im Kühlschrank 2 Stunden ziehen lassen.

Die Steaks mit Salz und Pfeffer würzen und mit Öl bestreichen. Auf beiden Seiten insgesamt 12–15 Minuten bei mittlerer Hitze grillen. Für die Garprobe mit dem Gabelrücken auf das Fleisch drücken. Gibt es stark nach, ist es innen noch blutig.

Die fertigen Steaks vor dem Anschneiden warm stellen und 10 Minuten ruhen lassen. Dann das Fleisch mit einem spitzen, sehr scharfen Messer vom Knochen trennen, mit der flachen Gabel halten, ohne hineinzustechen und schräg in etwa 1 cm dicke Scheiben schneiden. Sofort servieren.

Entrecôte double vom Grill

4 Portionen

- 2 Entrecôtes à 400 g
- 1 EL scharfer Senf
- 1 TL getrocknete provenzalische Kräuter
- Salz
- grob gestoßener schwarzer Pfeffer
- 2 EL Öl

Die Entrecôtes waschen und mit Küchenpapier trockentupfen.

Den Senf mit den provenzalischen Kräutern, Salz, Pfeffer und dem Öl verrühren und die Entrecôtes damit bestreichen.

Die Entrecôtes auf jeder Seite 4–5 Minuten grillen. Das gegrillte Fleisch kurz ruhen lassen und anschließend in 1 cm dicke Scheiben aufschneiden.

Dazu schmeckt Nußbutter oder eine Artischocken-Knoblauchsauce.

Fleischtaschen mit Kräutern

4 Portionen

- 8 dünne Scheiben Rindfleisch aus der Hüfte à 100 g
- Salz
- frisch gemahlener Pfeffer
- 1/2 TL Paprikapulver edelsüß
- 2 TL Kräutersenf
- 8 Scheiben roher Schinken
- 4 Scheiben Edamer
- 2 EL gehackte Kräuter (z. B. Petersilie, Oregano, Kerbel, Thymian)
- Knoblauchöl (s. Seite 95) zum Bestreichen

Die Fleischscheiben mit Salz und Pfeffer würzen und auf einer Seite mit dem Kräutersenf bestreichen. Auf jedes Stück eine Scheibe rohen Schinken und 1/2 Scheibe Käse legen und die gehackten Kräuter darauf verteilen.

Die Fleischscheiben über der Füllung quer zusammenklappen und mit Grillnadeln oder Zahnstochern feststecken.

Die Fleischtaschen mit Knoblauchöl bestreichen und auf jeder Seite etwa 4 Minuten grillen.

Mit Tomaten- und Gurkensalat und frischem Brot servieren.

Gegrillte Steaks

4 Portionen

4 Scheiben Schweinefilet
4 Scheiben Kalbsfilet
4 Scheiben Rinderfilet
8 EL Öl
1–2 EL Chilisauce
Salz
frisch gemahlener Pfeffer

Die Filets waschen und trockentupfen.
6 Eßlöffel Öl mit der Chilisauce, Salz und Pfeffer gut verrühren und die Filets damit einstreichen.

Den Grillrost mit dem restlichen Öl bestreichen. Die Schweinefilets auf beiden Seiten insgesamt etwa 8 Minuten, die Kalbsfilets 6 Minuten und die Rinderfilets 4 Minuten grillen.

Die Filets mit Kartoffelsalat, Brot und kleingeschnittenen Zwiebeln, Tomaten und Paprikaschoten servieren.

Schweinekoteletts

4 Portionen

- 4 große Schweinekoteletts
- 4 Knoblauchzehen
- Thymian
- Rosmarin
- Salz
- frisch gemahlener Pfeffer
- Öl zum Bestreichen

Die Schweinekoteletts waschen, trockentupfen und den Fettrand mit einem scharfen Küchenmesser mehrmals einschneiden.

Die Knoblauchzehen abziehen, in Stifte schneiden und die Koteletts damit spicken. Das Fleisch mit Thymian, Rosmarin, Salz und Pfeffer einreiben und mit Öl bestreichen.

Die Koteletts auf dem heißen Grill auf jeder Seite 5 Minuten grillen.

Mit in der Folie gegrillten Zwiebeln und Kartoffeln sowie frischen Paprikaschotenringen servieren.

Kalbsherz vom Grill

4 Portionen

2 Kalbsherzen, à 400 g
Salz
Knoblauchöl (s. Seite 95)
zum Bestreichen

Die Kalbsherzen waschen, trockentupfen, halbieren und von Haut, Sehnen und Knorpeln befreien. Die Herzhälften quer zur Faser in dünne Scheiben schneiden, leicht salzen und mit Knoblauchöl bestreichen.

Ein ausreichend großes Stück Alufolie auf den Holzkohlengrill legen und die Herzscheiben darauf setzen. Auf beiden Seiten je 2–3 Minuten grillen.

Dazu schmeckt ein bunter Rohkostteller.

Gegrillte Kalbsleber mit Salbeizwiebeln

4 Portionen

500 g Zwiebeln
30 g Butter
8 frische Salbeiblätter
1/8 l Weißwein
4 Scheiben Kalbsleber
Öl zum Bestreichen
Salz
frisch gemahlener Pfeffer

Die Zwiebeln abziehen und in dünne Ringe schneiden oder hobeln.

Die Butter in einer Pfanne zerlassen und die Zwiebeln unter Rühren andünsten. Die Salbeiblätter zufügen, den Wein angießen und zugedeckt bei kleiner Hitze 10 Minuten dünsten.

Inzwischen die Haut von der Kalbsleber abziehen und die Leber dünn mit Öl bestreichen. Die Leber auf beiden Seiten je 2 Minuten grillen, anschließend mit Salz und Pfeffer würzen.

Die Leber auf vorgewärmten Tellern anrichten und die Salbeizwiebeln darauf verteilen.

Schweinebauch vom Grill

4 Portionen

3 EL Öl
1 EL Worcestershiresauce
1 TL Tomatenmark
Salz
1 Messerspitze Cayennepfeffer
1/2 TL getrockneter, zerriebener Salbei
4 Bauchfleischscheiben à 175 g
frisch gemahlener Pfeffer

Das Öl mit der Worcestershiresauce, Tomatenmark, Salz, Cayennepfeffer und Salbei verrühren.

Die Bauchfleischscheiben mit dem gewürzten Öl einstreichen und auf jeder Seite bei mittlerer Hitze 6 Minuten grillen. Vor dem Servieren noch etwas Pfeffer darüber mahlen.

Dazu schmecken schwäbischer Kartoffelsalat und Rettich-Radieschensalat.

Gegrillte Spareribs

2 Portionen

- 1 kg Spareribs
- 4 EL Sojasauce
- 4 EL Öl
- frisch gemahlener schwarzer Pfeffer
- 3 EL Aprikosenkonfitüre
- 1 Knoblauchzehe
- 1 walnußgroßes Stück frischer Ingwer

Die Spareribs waschen, abtrocknen und evtl. in Portionsstücke zerschneiden.

Sojasauce, Öl, Pfeffer und die Konfitüre verrühren. Den Knoblauch schälen und durch die Presse dazu drücken.

Ingwer schälen und sehr klein hacken, ebenfalls unter die Marinade mischen.

Die Spareribs gründlich damit einpinseln, mindestens 2 Stunden im Kühlschrank marinieren.

Abtropfen lassen und unter dem vorgeheizten Grill im Backofen 20–30 Minuten grillen, zwischendurch mehrfach wenden und mit Marinade bestreichen.

Lammkoteletts vom Grill

4 Portionen

8 Lammkoteletts
8 Knoblauchzehen
grob gestoßener schwarzer Pfeffer
Kräuteröl zum Bestreichen
Salz

Die Lammkoteletts waschen und trockentupfen.

Die Knoblauchzehen abziehen, in dünne Stifte schneiden und die Koteletts damit spicken.

Dann das Fleisch mit dem Pfeffer einreiben und mit Kräuteröl bestreichen.

Die Lammkoteletts auf dem heißen Grill 6–8 Minuten grillen, dabei einmal wenden und erst vor dem Servieren leicht salzen.

Dazu schmecken Ratatouille und frisches Brot.

Kaninchen vom Grill

Am Vortag marinieren

4 Portionen

1 Kaninchen, küchenfertig ausgelöst
1/2 l Rotwein
1 EL schwarze Pfefferkörner
2 Lorbeerblätter
6 Wacholderbeeren
1 EL Rosmarin
1 EL Thymian
2 l Buttermilch
Salz
frisch gemahlener Pfeffer
20 dünne Scheiben Frühstücksspeck
Öl zum Bestreichen

Den Kaninchenrücken je nach Länge in 3 bis 4 Stücke teilen, die Läufe von Keulen und Schultern abtrennen.

Für die Marinade den Rotwein mit den Pfefferkörnern, den Lorbeerblättern, den Wacholderbeeren, Rosmarin und Thymian einmal aufkochen und abkühlen lassen.

Die Kaninchenteile in eine Schüssel legen, mit der Marinade und der Buttermilch begießen und an einem kühlen Ort 1 Tag ziehen lassen. Während dieser Zeit die Fleischteile mindestens einmal wenden.

Vor dem Grillen die Kaninchenstücke aus der Marinade heben, mit Küchenpapier trockentupfen und mit Salz und Pfeffer einreiben. Um jedes Fleischstück 2 bis 3 Scheiben Frühstücksspeck wickeln, mit Zahnstochern feststecken und die Stücke mit etwas Öl bestreichen.

Die Kaninchenteile bei mittlerer Hitze auf beiden Seiten insgesamt etwa 15 Minuten grillen.

Als Beilage gegrillte Maiskolben, Paprikaringe und Gemüsezwiebeln reichen.

Gegrilltes Rinderfilet mit Schneckencreme

4 Portionen

12 Schnecken aus der Dose
4 Schalotten
1 Knoblauchzehe
1/2 Bund Petersilie
1 Zweig Thymian
1 Zweig Basilikum
30 g Butter
Salz
frisch gemahlener weißer Pfeffer
4 cl Weißwein
150 g Crème fraîche
4 Scheiben Rinderfilet à 200 g
Öl zum Bestreichen

Die Schnecken abseihen, dabei den Sud auffangen. Die Schnecken halbieren und unter fließendem Wasser abspülen.

Den Knoblauch und die Schalotten abziehen und fein hacken.

Die Kräuter waschen, trockenschütteln, von den Stengeln zupfen und die Blättchen fein hacken.

Die Butter in einer Kasserolle zerlassen, die Schalotten und den Knoblauch glasig dünsten.

Das Schneckenfleisch dazugeben, salzen und pfeffern und rundum anbraten. Die Kräuter unterrühren und mit dem Weißwein ablöschen. Den Schneckensud angießen und die Sauce köcheln lassen, bis sie auf die Hälfte reduziert ist.

Zum Schluß die Crème fraîche einrühren, die Schneckensauce cremig einkochen und mit Salz und Pfeffer abschmecken.

Die Filets waschen, mit Küchenpapier trockentupfen, salzen, pfeffern und mit Öl bestreichen. In der heißen Grillpfanne auf jeder Seite 3 Minuten grillen.

Die Rinderfilets auf vorgewärmten Tellern mit der Schneckencreme anrichten.

Kalbsfilet im Rosmarinmantel

Das Filet 2 Stunden marinieren

4 Portionen

600 g Kalbsfilet am Stück
2 EL getrocknete Rosmarinnadeln
2 Knoblauchzehen
6 EL Öl
1 EL trockener Sherry
einige Spritzer Worcestershiresauce
1 Messerspitze Cayennepfeffer

Das Kalbsfilet waschen, trockentupfen und in den Rosmarinnadeln wenden, die Kräuter leicht andrücken.

Die Knoblauchzehen abziehen und durch eine Presse zum Öl drücken. Den Sherry, etwas Worcestershiresauce und den Cayennepfeffer unterrühren.

Die Marinade über das Filet träufeln und gut 2 Stunden ziehen lassen. Dabei das Fleisch mehrmals wenden.

Das Kalbsfilet auf dem heißen Grillrost rundum etwa 25 Minuten grillen. Kurz ruhen lassen und in fingerdicke Scheiben schneiden.

Dazu schmecken mariniertes Gemüse und Blechkartoffeln.

Schweinefilet vom Rost

4 Portionen

1 großes Schweinefilet, ca. 800 g	
2 Knoblauchzehen	
1/2 TL Salz	
frisch gemahlener Pfeffer	
Thymian	
Oregano	
4 EL Öl	

Das Schweinefilet waschen und trockentupfen.

Die Knoblauchzehen abziehen und mit dem Salz im Mörser zerdrücken. Pfeffer, Thymian und Oregano untermischen und die Gewürzpaste mit dem Öl verrühren. Das Filet gründlich damit einpinseln und 30 Minuten marinieren.

Das Fleisch abtropfen lassen und auf dem Grill etwa 20 Minuten grillen. Das Fleisch zwischendurch mehrmals wenden und mit der Marinade bestreichen.

Vor dem Servieren noch leicht nachsalzen.

Mit in der Folie gegarten Kartoffeln und Tomaten sowie gegrillten Paprikaringen servieren.

Schweinefilet und Käserouladen

Die Rouladen einen Tag marinieren

4 Portionen

Für die Rouladen:

4 dünne Rindsrouladen
8 EL Öl
Salz
frisch gemahlener weißer Pfeffer
2 Kräuter-Frischkäse mit Knoblauch

Für das Schweinefilet:

1 Schweinefilet, ca. 600 g
1/2 TL Salz
frisch gemahlener schwarzer Pfeffer
1 Messerspitze Cayennepfeffer
1/2 TL Knoblauchpulver
1 TL getrocknete provenzalische Kräuter
12 dünne Scheiben Frühstücksspeck

Die Rindsrouladen klopfen, in eine weite Schüssel legen, mit dem Öl begießen und zugedeckt 1 Tag im Kühlschrank marinieren.

Vor dem Grillen das Fleisch aus dem Öl heben, mit Küchenpapier etwas abtupfen und mit Salz und Pfeffer würzen. Je 1/2 Kräuter-Frischkäse auf eine Roulade legen. Die Rouladen aufwickeln und mit Grillnadeln zustecken.

Das Schweinefilet waschen, trockentupfen und in 4 gleich große Stücke schneiden.

Salz, Pfeffer, Cayennepfeffer, Knoblauchpulver und provenzalische Kräuter auf einem Teller vermischen und die Fleischstücke damit einreiben. Um jedes Stück 3 Scheiben Frühstücksspeck wickeln und feststecken.

Die Rouladen und Filetstücke mit dem Marinadeöl bestreichen und bei mittlerer Hitze 15–20 Minuten grillen, dabei mehrmals wenden.

Mit Folienkartoffeln und Kräuterbutter servieren.

Schweinelende am Spieß

Das Fleisch 2 Stunden marinieren

8 Portionen

2 kg Schweinelende
1 Zwiebel
1 Knoblauchzehe
1/2 l Rotwein
Salz
frisch gemahlener Pfeffer
2 TL Paprikapulver edelsüß
1 TL getrockneter Majoran
Öl zum Bestreichen

Die Schweinelende abspülen und trockentupfen.

Die Zwiebel und die Knoblauchzehe abziehen und hacken.

Das Fleisch in einer Marinade aus dem Rotwein, der Zwiebel und dem Knoblauch 2 Stunden ziehen lassen. Dann herausheben und mit Küchenpapier trockentupfen.

Die Schweinelende mit Salz, Pfeffer, Paprikapulver und Majoran einreiben, gut mit Öl bestreichen und auf einen Bratspieß stecken. Bei mittlerer Hitze unter ständigem Drehen etwa 1 1/2 Stunden grillen, dabei immer wieder mit Öl bestreichen.

Heiß mit Grilltomaten, verschiedenen Saucen, Salat und frischem Brot servieren.

Schweinenacken am Spieß

4 Portionen

1 kg ausgelöster Schweinenacken
Salz
frisch gemahlener Pfeffer
1 EL scharfer Senf
1 kleines Bund Thymian
3 Zweige Rosmarin
100 g Frühstücksspeck in dünnen Scheiben
Öl zum Bestreichen

Den Schweinenacken unter kaltem Wasser abspülen, trockentupfen, ringsum mit Salz und Pfeffer würzen und mit dem Senf bestreichen.

Den Thymian waschen, trockenschleudern und die Blättchen von den Stielen streifen.

Den Schweinenacken mit dem Thymian bestreuen und die Rosmarinzweige darauf legen. Die Speckscheiben um das Fleisch wickeln und mit Küchengarn festbinden. Auf einen Bratspieß stecken und unter ständigem Drehen etwa 1 1/2 Stunden grillen, dabei gelegentlich mit Öl bestreichen.

Den gegrillten Schweinenacken vor dem Anschneiden 10 Minuten ruhen lassen.

Als Beilage gegrilltes Gemüse, z. B. Maiskolben und Tomaten, reichen.

Spanferkel mit feiner Sauce

4 Portionen

800 g ausgebeinte Spanferkelschulter mit Schwarte
Salz
frisch gemahlener weißer Pfeffer
1 TL gehackter Kümmel
Öl zum Bestreichen

Für die Sauce:

1 Bund Suppengrün
1 Zwiebel
1 Knoblauchzehe
1 EL Schweineschmalz
500 g kleingehackte Schweinerippchen oder Knochen
400 ml Rinderfond aus dem Glas
100 ml trockener Sekt

Den Grill auf 200°C vorheizen.

Die Schulter von allen Seiten mit Salz, Pfeffer und Kümmel einreiben und mit Öl bestreichen. Im vorgeheizten Grill auf der mittleren Schiene mit der Schwarte nach unten 30 Minuten grillen. Die Schulter umdrehen, die Schwarte mit einem scharfen Messer rautenförmig einritzen und weitere 30 Minuten grillen.

Für die Sauce das Suppengrün waschen, trockenschütteln und grob hacken. Die Zwiebel und die Knoblauchzehe abziehen und hacken.

Das Schweineschmalz in einer Kasserolle erhitzen und die Rippchen oder Knochen rundherum anbraten. Das Gemüse zugeben und kurz mitbraten. Mit Salz und Pfeffer würzen und die Hälfte des Rinderfonds angießen. 1 Stunde offen köcheln lassen, dabei nach und nach den restlichen Rinderfond und zum Schluß den Sekt zugießen.

Die Sauce durch ein Sieb passieren und mit Salz und Pfeffer abschmecken. Auf keinen Fall binden, da sonst der feine Sektgeschmack verloren geht.

Das gegrillte Spanferkel vor dem Anschneiden 5 Minuten ruhen lassen und die Sauce getrennt dazu reichen.

Gegrillter Senfbraten

Das Fleisch vom Metzger längs bis zur Mitte einschneiden lassen

6 Portionen

1 kg Schweinekotelett, ausgelöst
Salz
1 Bund glatte Petersilie
1 große Zwiebel
2 Knoblauchzehen
1/2 Bund Basilikum
1 EL grüner Pfeffer
4 EL scharfer Senf
1/2 TL Majoran
3 EL Öl
Grillöl zum Bestreichen

Das Fleisch abspülen, trockentupfen und innen und außen salzen.

Die Petersilie waschen, trockenschütteln und fein hacken.

Die Zwiebel und die Knoblauchzehen abziehen und hacken.

Das Basilikum waschen, trockenschütteln und die Blätter hacken.

Den grünen Pfeffer im Mörser zerdrücken und mit dem Senf, Basilikum, Majoran und dem Öl verrühren. Petersilie, Zwiebel und Knoblauch untermischen und in das eingeschnittene Kotelettstück füllen. Das Fleisch mit Küchengarn umwickeln und auf einen Bratspieß stecken. Unter ständigem Drehen in ca. 45 Minuten knusprig braun grillen, dabei gelegentlich mit Grillöl bestreichen.

Den Senfbraten vom Spieß nehmen, kurz ruhen lassen und in Scheiben schneiden.

Mit Ballonkartoffeln und mariniertem Gemüse servieren.

Rollbraten am Spieß

Schweinerollbraten beim Metzger vorbestellen

6 Portionen

1 1/2 kg Schweineschulter, gerollt
Salz
frisch gemahlener Pfeffer
Knoblauchöl zum Bestreichen
(s. Rezept Seite 95)

Den Rollbraten abspülen, trockentupfen, mit Salz und Pfeffer einreiben und auf einen langen Grillspieß stecken. Gut mit Knoblauchöl bestreichen und so lange grillen, bis er rundum Farbe angenommen hat.

Den Braten in dicke Alufolie einpacken und 45 Minuten grillen. Kurz vor Ende der Garzeit die Folie entfernen, das Fleisch nochmals mit Knoblauchöl bestreichen und knusprig braun grillen.

Dazu Kartoffeln in der Folie und gegrillte Tomaten und Schalotten reichen.

Bayerische Kalbshaxe vom Rost

4 Portionen

1 Kalbshaxe (Hinterhaxe), ca. 2 kg
1 Knoblauchzehe
Salz
frisch gemahlener Pfeffer
1/2 TL gemahlener Kümmel
Öl zum Bestreichen
1/2 l dunkles Bier

Die Kalbshaxe waschen und trockentupfen.

Die Knoblauchzehe abziehen und durch eine Presse drücken. Mit Salz, Pfeffer und Kümmel vermischen und die Kalbshaxe damit einreiben. Die Kalbshaxe mit Öl bestreichen. Den Bratrost einölen, auf die Fettpfanne setzen und die Haxe darauflegen. Im vorgeheizten Heißluftgrill bei mittlerer Temperatur auf der mittleren Schiene etwa 2 1/2 Stunden grillen. Dabei von Zeit zu Zeit die Haxe mit etwas Bier begießen.

Die Kalbshaxe im ganzen auftragen und erst am Tisch das Fleisch vom Knochen lösen.

Als Beilage Kartoffel- und Feldsalat reichen.

Bayerischer Schweinsbraten vom Rost mit Kruste

8 Portionen

2 kg Schweinebraten aus der Schulter mit Schwarte
Salz
frisch gemahlener Pfeffer
1 TL gemahlener Kümmel
1/2 l dunkles Bier

Den Schweinebraten unter fließendem Wasser abspülen und trockentupfen. Die Schwarte mit einem scharfen Messer rautenförmig einschneiden. Den Braten von allen Seiten mit Salz, Pfeffer und Kümmel kräftig einreiben.

Den Grill auf 200°C vorheizen. Den Grillrost auf die Fettpfanne setzen und den Schweinebraten mit der Schwarte nach unten darauflegen und mit 1/4 Liter heißem Wasser übergießen. Auf der mittleren Schiene 15 Minuten grillen.

Dann die Temperatur auf 180°C reduzieren, das Fleisch umdrehen und weitere 2 Stunden grillen, dabei ab und zu mit dunklem Bier übergießen. 10 Minuten vor Ende der Garzeit den Grill auf hohe Temperatur stellen und nochmals mit Bier übergießen, damit die Kruste knusprig wird.

Den fertigen Schweinebraten aus dem Grill nehmen und vor dem Anschneiden etwa 10 Minuten ruhen lassen.

Gefüllter Schweinerücken vom Grill

4 Portionen

1,5 kg Schweinerücken im Stück
Salz
2 altbackene Brötchen
100 ml Milch
150 g Geflügelleber
100 g Frühstücksspeck
2 Knoblauchzehen
2 Bund glatte Petersilie
150 g geriebener Emmentaler
1 TL frische Rosmarinnadeln
frisch gemahlener Pfeffer
Öl zum Bestreichen

Den Schweinerücken abspülen, trockentupfen, leicht salzen und 30 Minuten ruhen lassen.

Dann den Braten in Form schneiden: Mit einem scharfen Messer das sehnige Fleisch zwischen den Knochen hahnenkammförmig herausschneiden. Zum Füllen das Fleisch entlang der Knochen fast ganz einschneiden, zur Hälfte quer nach innen schneiden und dann aufklappen.

Für die Füllung die Brötchen in der lauwarmen Milch einweichen und gut ausdrücken. Die Geflügelleber waschen, trockentupfen, die Häutchen entfernen und die Leber fein hacken. Den Frühstücksspeck in kleine Würfel schneiden. Die Knoblauchzehen abziehen und durch die Presse drücken. Die Petersilie waschen, trockenschütteln und grob hacken. Alles gut vermischen und mit dem geriebenen Emmentaler, dem fein gehackten Rosmarin, Salz und Pfeffer abschmecken.

Die Füllung auf das aufgeklappte Fleisch streichen und dieses vorsichtig bis an den Knochen zurückrollen. Die beiden Enden mit Küchengarn zunähen oder mit Grillnadeln zusammenhalten. Das Fleisch zwischen den Knochen zubinden.

Den Schweinerücken mit Öl bestreichen und auf den eingefetteten Grillrost legen. Bei mittlerer Hitze etwa 1 1/2 Stunden grillen, nach der Hälfte der Garzeit wenden. Während des Grillens das Fleisch mehrmals mit Öl bestreichen.

Den fertigen Schweinerücken im ganzen auf eine vorgewärmte Platte legen und 5 Minuten ruhen lassen, damit die Füllung beim Anschneiden nicht bricht. Erst bei Tisch in Scheiben schneiden.

Als Beilage gartenfrische Blattsalate reichen.

Rollbraten von gefülltem Schweinebauch

8 Portionen

1,8 kg Schweinebauch
Salz
frisch gemahlener Pfeffer
1 Schweinefilet, 400 g
Für die Füllung:
150 g gekochter Schinken
250 g Schweinehack
250 g Champignons
1 kleine Zwiebel
2 Knoblauchzehen
1 TL Thymian
1 TL Butter
2 Scheiben Weißbrot ohne Rinde
1 Ei
Öl zum Bestreichen

Den Schweinebauch parieren und mit Salz und Pfeffer einreiben.

Das Filet ebenfalls salzen und pfeffern.

Den Schinken würfeln und mit dem Schweinehack vermischen.

Die Champignons putzen. Die Zwiebel und die Knoblauchzehen abziehen, alles fein hacken und mit dem Thymian vermengen.

Die Butter in einer Pfanne zerlassen. Champignons, Zwiebel und Knoblauch andünsten und anschließend zum Schweinehack geben.

Die Weißbrotscheiben fein zerkrümeln und mit dem Ei, Salz und Pfeffer in die Schweinehackmischung einarbeiten.

Wenn der Schweinebauch zum Rollen breit genug ist, die Füllung auf die Fleischseite streichen und das Filet in die Mitte legen. Oder: In den Schweinebauch eine tiefe Tasche schneiden, die Füllung und das Filet hineingeben.

Den Schweinebauch rollen und mit Küchengarn schnüren: zuerst rundherum in Abständen von etwa 2 cm, dann auf der Rückseite der Länge nach durch die Wicklung ziehen.

Den Rollbraten auf einen Drehspieß stecken und mit Öl bestreichen. Im vorgeheizten Grill bei 200°C etwa 1 Stunde grillen, dabei gelegentlich mit Öl bestreichen. Die Grilltemperatur auf 160°C reduzieren und weitere 50 Minuten garen.

Das Garn vom Rollbraten entfernen und den Braten vor dem Anschneiden gut 5 Minuten ruhen lassen.

Mit Ballonkartoffeln und Rettich-Radieschensalat servieren.

Lammrücken, am Spieß gegrillt

Wenn Sie Lammfleisch gern rosa essen, können Sie die Filets an der Unterseite mitgrillen. Falls das Rückenfleisch fast durchgebraten sein soll, lösen Sie die Filets aus und braten sie extra in der Pfanne.

6 Portionen

1,2 kg großer Lammrücken aus der vorderen Hälfte
Salz
frischgemahlener schwarzer Pfeffer
1 TL getrocknete, grob zerstoßene Chilischoten
je 1 TL Koriander- und Pimentkörner
1/2 EL getrocknete Rosmarinnadeln
1 TL getrockneter Thymian
4–5 Knoblauchzehen
1/8 l Olivenöl
12 milde, mittelgroße Zwiebeln
12 Zuckerstücke
60 g Butter
6 große mehligkochende Kartoffeln

Eventuell die Filets herausschneiden. Die Schwarte auf dem Rücken gleichmäßig einschneiden und mit Salz und Pfeffer massieren. Gewürze und Kräuter im Mörser zerstampfen, Knoblauchzehen schälen und zugeben, das Öl unterarbeiten. Den Rücken damit rundherum einreiben.

Die Zwiebeln abziehen und kreuzweise einschneiden, leicht salzen und je 1 Zuckerstück hineindrücken. Mit Butterstückchen belegen und in Alufolie wickeln. Die Kartoffeln waschen, schrubben und halbieren. Die Schnittflächen leicht salzen.

Den Backofen auf 225 Grad vorheizen, die Kartoffeln auf dem Rost auf der untersten Schiene in den Ofen stellen und 15 Minuten backen.

Den Grillspieß durch das Rückenmark stecken – dazu braucht man Kraft und eine feste, unempfindliche Unterlage.

Den Grill vorheizen. Die Zwiebeln zu den Kartoffeln in den Ofen geben und den Spieß einsetzen. Den Lammrücken 15–20 Minuten grillen, anschließend im ausgeschalteten Ofen noch 10 Minuten ruhen lassen.

Gerollter Lammrücken

Selbstverständlich erledigt jeder Metzger das Ausbeinen, wenn Sie ihn darum bitten. Aber der Vorgang ist wirklich so einfach, daß ihn auch ungeübte Köche ausführen können.

6 Portionen

1 Lammrücken mit Knochen und beiden Filets (etwa 2,2 kg)
1 Bund glatte Petersilie
einige Zweige Thymian
Salz
frisch gemahlener schwarzer Pfeffer
1 kg kleine Kartoffeln
10 Schalotten
5 Knoblauchzehen
6 große Möhren
2 Stangen Staudensellerie
40 g Butterschmalz
etwa 400 ml Rotwein
1/2 l Fleischbrühe
1 TL Senf
1 TL Johannisbeergelee
1 TL Tomatenmark
2 TL Speisestärke

Zuerst mit einem scharfen Messer die beiden Filets herauslösen. Dann entlang des Rippenansatzes und der Wirbelsäule schneiden, so daß sich der gesamte Knochen entfernen läßt.

Die Petersilie waschen und die Blättchen fein hacken. Von zwei Thymianzweigen die Blättchen abzupfen. Die Filets und den Lammrücken innen mit Petersilie, Salz, Pfeffer und Thymianblättchen einreiben.

Die Filets mit dem Lammrücken umschließen und mit Küchengarn zur Rolle zusammenbinden.

Den Backofen auf 225°C vorheizen. Kartoffeln, Schalotten und Knoblauchzehen schälen. Möhren schälen, in 2 cm dicke Scheiben schneiden. Die Selleriestangen waschen, putzen und in mundgerechte Stücke schneiden.

Die Fettpfanne mit 20 g Butterschmalz fetten, das Gemüse darin verteilen, restliche Thymianzweige darauflegen und auf die unterste Schiene des Backofens schieben. Den Lammrücken auf den Grillrost legen und über dem Gemüse auf die mittlere Schiene einschieben. Restliches Butterschmalz in einem kleinen Topf zerlassen, über das Fleisch gießen.

15 Minuten anbraten, dann die Temperatur auf 200°C zurückstellen und das Fleisch mit dem Rotwein begießen. 75 Minuten braten, dabei zwischendurch einige Male mit 1/4 l von der Fleischbrühe und der Flüssigkeit aus der Fettpfanne begießen.

Das Fleisch unter dem Grill in 5 bis 10 Minuten knusprig bräunen. Den Herd ausschalten, Fleisch ruhen lassen. Die Fettpfanne aus dem Backofen nehmen, Gemüse in eine vorgewärmte Schüssel umfüllen und warm stellen.

Restliche Brühe in die Saftpfanne gießen, Bratensatz lösen. In einem Topf aufkochen, mit Senf, Johannisbeergelee, Tomatenmark, Salz und Pfeffer abschmecken. Stärke in etwas Rotwein anrühren, Sauce damit binden. Zu Fleisch und Gemüse servieren.

Lammkeule vom Grill

6 Portionen

- 1 Lammkeule, ca. 2 1/2 kg
- 4 Knoblauchzehen
- 5 EL Öl
- 3 EL mittelscharfer Senf
- 4 EL Thymian
- Salz
- frisch gemahlener Pfeffer

Die Lammkeule abspülen und trockentupfen.

Die Knoblauchzehen abziehen und in Stifte schneiden. Die Lammkeule damit spicken.

Das Öl mit dem Senf, Thymian, Salz und Pfeffer verrühren und die Lammkeule damit bestreichen.

Die Lammkeule auf dem Grill bei mittlerer Hitze etwa 45 Minuten grillen. Dabei das Fleisch häufig wenden und mit dem restlichen Würzöl bestreichen.

Dazu schmecken Ratatouille und im ganzen gebratene Kartoffeln.

Grillplatte mit Kräutern

4 Portionen

3 Knoblauchzehen
1 Lorbeerblatt
1 Salbeiblatt
2 EL Sojasauce
Saft von 1 Zitrone
2 EL gehackte, frische Kräuter, z. B. Rosmarin, Thymian, Oregano
1/2 TL Paprikapulver edelsüß
1 Messerspitze Cayennepfeffer
6 EL Öl
4 frische Maiskolben
500 g dicke Rippe
4 Grillwürstchen
4 Scheiben Frühstücksspeck
4 Hähnchenkeulen
4 Tomaten

Die Knoblauchzehen abziehen und im Mörser mit dem Lorbeer- und dem Salbeiblatt zerdrücken. Mit der Sojasauce, dem Zitronensaft, den gehackten Kräutern, dem Paprikapulver, dem Cayennepfeffer und dem Öl zu einer Marinade verrühren.

Die Maiskolben und die dicke Rippe mit der Marinade bestreichen und auf den heißen Grill legen.

Die Grillwürstchen mit dem Speck umwickeln. Die Hähnchenkeulen am Gelenk mit einem scharfen Messer einschneiden, damit sie besser garen. Die Tomaten kreuzweise einschneiden. Alles mit der Marinade bestreichen.

Nach 10 Minuten die Maiskolben und die dicke Rippe wenden und die Hähnchenkeulen dazu legen, 5 Minuten später die Grillwürstchen. Alles weitere 10 Minuten rundum grillen. Kurz vor Ende der Garzeit die Tomaten auf den Grill setzen. Während der Grillzeit die Teile immer wieder mit der Marinade bestreichen.

Dazu paßt frisches Baguette.

Tip:
Einige Zweige frischen Rosmarin und Lorbeer unter Wasser abspülen und feucht auf die Glut streuen – sie sollen nur glimmen und dem Rauch Aroma geben.

Grillspieße mit Ananas und Schweinebauch

4 Portionen

1 EL frische, gehackte Minze
2 EL Olivenöl
Salz
Pfeffer
4 dicke Scheiben frische Ananas
250 g geräucherter Schweinebauch am Stück
500 g mageres Schweinefleisch aus der Keule
2 große grüne Paprikaschoten

Die gehackte Minze mit dem Olivenöl, Salz und Pfeffer vermischen und kurz ziehen lassen.

Die Ananas, den Schweinebauch und das Schweinefleisch in mundgerechte Würfel schneiden.

Die Paprikaschoten waschen, halbieren, entkernen und in große Stücke schneiden. Ananas, Schweinebauch, Fleisch und Paprikaschoten abwechselnd auf 4 Grillspieße stecken.

Die Spieße mit dem Kräuteröl bestreichen und von allen Seiten bei mittlerer Hitze etwa 10 Minuten grillen.

Barbecue-Spieße

Niere 1 Stunde wässern

4 Portionen

1 große Kalbsniere
8 dünne Scheiben Frühstücksspeck
8 Cocktailwürstchen
8 kleine Schalotten
4 kleine Tomaten
1 grüne Paprikaschote
8 Champignons

Für die Grillsauce:

1 TL Sojasauce
1 EL Zitronensaft
Salz
frisch gemahlener Pfeffer
1/2 TL Knoblauchpulver
1 Messerspitze Cayennepfeffer
4 EL Öl

Die Kalbsniere der Länge nach halbieren, die Röhren und das Fett entfernen. In eine Schüssel mit kaltem Wasser legen und 1 Stunde wässern, dabei das Wasser zwei- bis dreimal erneuern. Die Nierenhälften herausheben, mit Küchenpapier trockentupfen und in mundgerechte Würfel schneiden.

Die Frühstücksspeckscheiben quer halbieren. Um jedes Cocktailwürstchen und um einige einzelne Nierenstücke jeweils 1/2 Speckscheibe wickeln.

Die Schalotten abziehen. Die Tomaten und die Paprikaschote waschen, halbieren und die Schote entkernen. Paprikaschote in nicht zu kleine Quadrate schneiden. Die Champignons abreiben.

Die Nierenstücke, Cocktailwürstchen, Schalotten, Tomaten, Paprika und Champignons abwechselnd auf 4 Grillspieße stecken.

Für die Grillsauce die Sojasauce mit dem Zitronensaft, Salz, Pfeffer, Knoblauchpulver, Cayennepfeffer und dem Öl gut verrühren und die Spieße damit bestreichen.

Die Spieße bei mittlerer Hitze rundum etwa 10 Minuten braten, dazwischen mehrmals mit der Grillsauce bestreichen.

Als Beilage in der Folie gegarte Kartoffeln und grüne Sauce reichen.

Kunterbunte Grillspieße

4 Portionen

2 Kiwis
1 Apfel
1 Nektarine
1 rote Paprikaschote
8 Cocktailtomaten
1 Zucchino
1 gekochter Maiskolben
Lammhackbällchen (s. Seite 51)
8 Nürnberger Rostbratwürstchen

Für die Puten-Lauchröllchen:

1 Stange Lauch
Salz
8 dünne Putenschnitzel à 75 g
12 kleine Champignons
Salz
frisch gemahlener Pfeffer
Sojaöl zum Bestreichen

Die Kiwis schälen, den Apfel und die Nektarine waschen, halbieren und entkernen. Das Obst in Spalten schneiden.

Die Paprikaschote waschen, halbieren, entkernen und in mundgerechte Stücke schneiden.

Tomaten und den Zucchino waschen, Zucchino und Maiskolben in nicht zu dünne Scheiben schneiden.

Nach dem Rezept für Lammhackspieße (s. Seite 51) kleine Fleischbällchen herstellen. Abwechselnd Obst, Fleischbällchen, Gemüse und Würstchen auf Spieße stecken.

Für die Puten-Lauchröllchen den Lauch putzen und gründlich waschen. In kochendem Salzwasser kurz blanchieren und abgießen.

Die Putenschnitzel mit jeweils 2 Streifen Lauch belegen und zusammenrollen.

Die Champignons abreiben und die Stiele entfernen. Abwechselnd Champignons und Puten-Lauchröllchen auf Spieße stecken.

Alle Spieße mit Salz und Pfeffer würzen, mit Sojaöl bestreichen und von jeder Seite 3–4 Minuten grillen.

Grillspieße aus dem Ofen

2 Portionen

je 1 kleine gelbe und grüne Paprikaschote
100 g Schalotten
80 g geräucherter Schweinebauch
250 g mageres Fleisch vom Rind, Kalb, Lamm oder Schwein
3 EL Öl
Salz
frisch gemahlener schwarzer Pfeffer
1 EL Grillgewürz

Die Paprikaschoten putzen, waschen und in kleine Stücke schneiden. Die Schalotten schälen.

Den Schweinebauch und das Fleisch in Stücke schneiden. Alle Zutaten abwechselnd auf Spieße reihen.

Öl, Salz, Pfeffer und das Grillgewürz verrühren, die Spieße damit einpinseln.

Den Grillrost mit Alufolie belegen, die Spieße darauflegen. Etwa 10 Minuten im Ofen unter dem vorgeheizten Grill garen, zwischendurch wenden und mit Würzöl einpinseln.

Als Beilage paßt Salat, zum Beispiel Tomaten-Zwiebel-Salat mit frischem Basilikum.

Fleischspieße mit Feigen und Backpflaumen

4 Portionen

- 1 Schweinefilet, ca. 700 g
- Salz
- frisch gemahlener Pfeffer
- 60 g getrocknete Feigen
- 100 g entsteinte Backpflaumen
- 4 Zwiebeln
- Öl zum Bestreichen

Das Fleisch waschen, trockentupfen, in 12 gleich große Würfel schneiden und mit Salz und Pfeffer würzen.

Die Feigen und die Backpflaumen unter heißem Wasser abspülen und trockentupfen. Den Stielansatz der Feigen entfernen und die Früchte halbieren.

Die Zwiebeln abziehen und vierteln. Alle Zutaten abwechselnd auf 4 lange Spieße stecken und mit Öl bestreichen. Die Spieße bei mittlerer Hitze 10–15 Minuten rundum grillen.

Dazu schmeckt Currysauce mit Banane oder eine andere fruchtige Sauce.

Schweineleber-Nierenspieße

Niere 1 Stunde wässern

4 Portionen

- 1 Schweineniere, ca. 300 g
- 4 Scheiben Schweineleber à 100 g
- 100 g sehr fein geschnittener roher Schinken
- 2 kleine Äpfel
- 12 Salbeiblätter
- frisch gemahlener Pfeffer
- Öl zum Bestreichen
- Salz

Die Schweineniere der Länge nach halbieren, die Röhren und das Fett entfernen. Die Niere in eine Schüssel mit kaltem Wasser legen und 1 Stunde wässern, dabei das Wasser zwei- bis dreimal erneuern. Die Nierenhälften herausheben, mit Küchenpapier trockentupfen und in mundgerechte Würfel schneiden.

Die Leber waschen, trockentupfen und in 2 cm breite und etwa 5 cm lange Stücke schneiden. Den Schinken in 3 cm breite Streifen schneiden und um die Leberstücke wickeln.

Die Äpfel schälen, in 8 Spalten schneiden und entkernen. Auf 4 Grillspieße abwechselnd Nierenstücke, Leber, Apfelspalten und Salbeiblätter stecken und etwas Pfeffer darüber mahlen.

Eine Grillpfanne einölen und die Spieße etwa 6 Minuten rundum grillen. Erst nach dem Grillen leicht salzen.

Dazu schmecken Kürbischutney und frisches Weißbrot.

Arabischer Schäferspieß

Fleisch einige Stunden marinieren

4 Portionen

1 kg Lammfleisch
2 EL Olivenöl
Saft von 1/2 Zitrone
Salz
frisch gemahlener Pfeffer
4 Zwiebeln
2 Knoblauchzehen
4 Lorbeerblätter
1 grüne Paprikaschote
2 kleine Auberginen
2 feste Tomaten
Öl zum Bestreichen

Das Lammfleisch waschen, trockentupfen und in etwa 4 cm große Würfel schneiden.

Das Olivenöl mit dem Zitronensaft, Salz und Pfeffer verrühren.

Eine Zwiebel und die Knoblauchzehen abziehen und hacken. Mit dem Lammfleisch und den Lorbeerblättern in eine Schüssel legen und das gewürzte Olivenöl darüber gießen. Alles gut durchmischen und zugedeckt im Kühlschrank einige Stunden marinieren.

Die restlichen Zwiebeln abziehen und in dicke Scheiben schneiden.

Die Paprikaschote, die Auberginen und die Tomaten waschen, die Paprika halbieren und entkernen. Die Tomaten achteln, das übrige Gemüse in nicht zu dünne Scheiben schneiden.

Die Lammfleischstücke aus der Marinade heben und abwechselnd mit den Gemüsescheiben und jeweils 1 marinierten Lorbeerblatt auf 4 Grillspieße stecken.

Den Grillrost gut mit Öl einpinseln und die Spieße etwa 10 Minuten rundum grillen.

Als Beilage Bohnensalat mit Schafskäse oder bunten Gemüsesalat reichen.

Lammspieße Desmond

Fleisch über Nacht einweichen

4 Portionen

800 g Lammfleisch
12 getrocknete Aprikosen
4 große mehlige Kartoffeln
12 kleine Schalotten
Salz
2 EL Butter
frisch gemahlener Pfeffer
1 TL Curry
2 EL Öl
8 Scheiben Chesterkäse

Das Lammfleisch von Sehnen und Fett befreien und in mundgerechte Stücke schneiden. Die Aprikosen halbieren. Die Fleischwürfel und die Aprikosen in eine weite Schüssel legen und mit so viel Wasser begießen, daß sie gerade bedeckt sind. Zugedeckt über Nacht im Kühlschrank ziehen lassen.

Die Kartoffeln waschen, der Länge nach halbieren und einzeln fest in Alufolie wickeln. Im vorgeheizten Backofen bei 220°C 30–40 Minuten backen. Sie sollen sehr weich sein.

Inzwischen die Schalotten abziehen und 10 Minuten in leicht gesalzenem Wasser halbgar kochen. Abgießen und abtropfen lassen.

Die Fleischwürfel und die Aprikosenhälften aus dem Wasser heben und mit Küchenpapier trockentupfen. Fleisch, Aprikosen und Schalotten abwechselnd auf 4 lange Spieße stecken.

Salz, Pfeffer und Curry mit dem Öl verrühren und die Spieße damit bestreichen. Die Lammspieße bei mittlerer Hitze rundum etwa 8 Minuten grillen.

Die Alufolie öffnen und so zurückwickeln, daß die ganzen Schnittflächen der Kartoffeln freiliegen. Die Kartoffelhälften salzen und mit jeweils 1 Scheibe Käse belegen. Unter dem Grill oder im Backofen so lange backen, bis der Käse zu schmelzen beginnt.

Dazu schmecken frische Blattsalate.

Grillpfanne mit dreierlei Spießen

4 Portionen

Für die Fleischspieße:
8 Cocktailtomaten
200 g Schweineschnitzelfleisch
8 Scheiben Salami
4 Scheiben magerer Räucherspeck

Für die Fischspieße:
2 Schollenfilets à 100 g
4 Scheiben Lachs
8 ungeschälte Garnelen
4 Scheiben Zitrone

Für die Gemüsespieße:
2 rote Zwiebeln
1 Zucchino
1 kleine gelbe Paprikaschote
1 kleine rote Paprikaschote
8 große Champignons
1 kleine Fenchelknolle

Für die Marinade:
1 TL Korianderkörner
4 EL Sojasauce
Salz
frisch gemahlener Pfeffer
1 Messerspitze Ingwerpulver
4 EL Knoblauchöl
frische Kräuter zum Garnieren

Für die Fleischspieße die Tomaten und das Schnitzelfleisch waschen und trockentupfen. Das Fleisch in nicht zu große Würfel schneiden.

Die Salami- und die Speckscheiben einzeln aufrollen. Abwechselnd Tomaten, Fleischwürfel, Salami- und Speckröllchen auf 4 Grillspieße stecken.

Für die Fischspieße die Schollenfilets und Lachsscheiben der Länge nach halbieren. Abwechselnd Schollen- und Lachsröllchen, Garnelen und Zitronenscheiben auf 4 Grillspieße stecken.

Für die Gemüsespieße die Zwiebeln abziehen und vierteln. Den Zucchino waschen und in nicht zu dünne Scheiben schneiden. Die Paprikaschoten waschen, halbieren, entkernen und in Stücke schneiden.

Die Champignons abreiben und die Stiele entfernen. Die Fenchelknolle putzen und in mundgerechte Stücke schneiden. Abwechselnd Zwiebel-, Zucchini-, Paprika-, Fenchelstücke und Champignons auf 4 Grillspieße stecken.

Aus den grob gestoßenen Korianderkörnern, der Sojasauce, Salz, Pfeffer, Ingwer und dem Öl eine Marinade anrühren. Alle Spieße mit der Marinade bestreichen und 15 Minuten ziehen lassen.

Die Spieße aus der Marinade heben und bei mittlerer Hitze in der Grillpfanne oder auf dem Grill rundum etwa 10 Minuten grillen, dabei mehrmals mit der Marinade bestreichen. Die fertigen Spieße mit den frischen Kräutern garnieren und sofort servieren.

Grillwürste

4 Portionen

3 EL Öl
Saft von 1 Zitrone
Salz
Pfeffer
1/2 TL Paprikapulver edelsüß
4 Rindsbratwürste oder
8 Kalbsbratwürstchen
8 Pfälzer oder
8 Debreziner
1 Bratwurstschnecke à 200 g
8 Nürnberger Bratwürste

Das Öl mit dem Zitronensaft, Salz, Pfeffer und Paprikapulver gut verrühren. Die Würste damit bestreichen und je nach Größe 8–12 Minuten bei großer Hitze grillen.

Alle dicken, fetten Würste nach 4 Minuten Grillzeit mit der Gabel ein paar Mal einstechen. Während des Grillens die Würste mehrmals wenden und mit dem Öl bestreichen.

Grillwürste schmecken nur frisch vom Grill und sehr heiß. Deshalb die Würste erst grillen, wenn alle Gäste eingetroffen sind.

Cevapcici und Hacksteaks

6 Portionen

Für die Cevapcici:
1 große Zwiebel
2 Knoblauchzehen
200 g Rindfleisch
200 g Lammfleisch
1 TL Rosenpaprikapulver
Salz
frisch gemahlener Pfeffer
Mehl zum Bestäuben

Für die Hacksteaks:
1 große Zwiebel
150 g Frühstücksspeck
1 kleine grüne Paprikaschote
500 g gemischtes Hackfleisch
2 Eier
4 EL Semmelbrösel
1 TL scharfer Senf
1 TL Majoran
Salz
frisch gemahlener Pfeffer
1 Messerspitze Cayennepfeffer
Öl zum Bestreichen

Die Zwiebel und die Knoblauchzehen abziehen und grob hacken.

Das Fleisch waschen, trockentupfen und würfeln. Mit der Zwiebel und dem Knoblauch durch den Fleischwolf drehen.

In einer Schüssel die Fleischmasse mit dem Paprikapulver, Salz und Pfeffer zu einem glatten Teig verarbeiten. Aus dem Fleischteig mit nassen Händen etwa daumengroße Würstchen formen. Die Würstchen rundum mit Mehl bestäuben und zugedeckt kurz ruhen lassen.

In der Zwischenzeit für die Hacksteaks die Zwiebel abziehen und fein hacken. Den Frühstücksspeck in feine Streifen schneiden.

Die Paprikaschote waschen, halbieren, entkernen und in feine Würfel schneiden.

Den Speck in einer trockenen Pfanne auslassen, Zwiebel und Paprikaschote zufügen und einige Minuten unter Rühren dünsten. Vom Herd nehmen und etwas abkühlen lassen.

Das Hackfleisch mit den Eiern, den Semmelbröseln und der Speck-Zwiebelmischung vermengen, kräftig mit Senf, Majoran, Salz, Pfeffer und Cayennepfeffer würzen und gut durchkneten. Mit nassen Händen aus dem Fleischteig 6 kleine Hacksteaks formen.

Die Cevapcici und die Hacksteaks mit Öl bestreichen und auf dem Grill bei mittelstarker Glut etwa 8 Minuten grillen, zwischendurch wenden und nochmals mit Öl bestreichen.

Dazu in Folie gegrillte Tomaten, gegrillte Zwiebeln und frisches Brot reichen.

Amerikanische Hamburger

4 Portionen

2 Scheiben Toastbrot
1 Ei
2 EL Ketchup
1 TL mittelscharfer Senf
1/2 TL Zwiebelpulver
1 Messerspitze Knoblauchpulver
Salz
Pfeffer
500 g Rinderhack
1 Fleischtomate
1 Gemüsezwiebel
2 EL Öl
4 Scheiben Frühstücksspeck
4 Hamburger Brötchen
4 Scheiben Edamer Käse
4 Scheiben Pfeffer- oder Paprikakäse
4 Blätter grüner Salat

Die Rinde vom Toastbrot entfernen und das Toastbrot in kleine Würfel schneiden.

Das Ei mit dem Ketchup, dem Senf, Zwiebel- und Knoblauchpulver, Salz und wenig Pfeffer verquirlen.

In einer Schüssel das Rinderhack mit dem Brot und dem gewürzten Ei gut vermischen.

Die Tomate waschen und abtrocknen. Die Zwiebel abziehen. Tomate und Zwiebel in Scheiben schneiden und zugedeckt beiseite stellen.

Aus dem Fleischteig 4 ca. 2 cm dicke Frikadellen formen und auf beiden Seiten bei mittlerer Hitze jeweils 3–4 Minuten grillen.

Die Frühstücksspeckscheiben halbieren und in einer trockenen Pfanne auslassen.

Die Brötchen aufschneiden. Auf jeden Hamburger 1 Scheibe Edamer und 1 Scheibe Pfefferkäse legen.

Im vorgeheizten Backofen unter dem Grill die Brötchenhälften und die Hamburger einige Minuten backen, bis der Käse zu schmelzen beginnt.

Jeweils 1 Salatblatt auf die untere Brötchenhälfte legen, darauf 1 oder 2 Tomaten- und Zwiebelscheiben, 1 Hamburger mit Käse, 2 Stücke gebratenen Speck und zuletzt die obere Brötchenhälfte.

Indische Lammhackspieße

4 Portionen

- 2 kleine gekochte Pellkartoffeln
- 500 g Lammhackfleisch
- 1 Zwiebel
- 1 frische grüne Pfefferschote
- 1/2 Bund glatte Petersilie
- 30 g gemahlene Mandeln
- 1 TL Ingwerpulver
- 1 TL gemahlener Kreuzkümmel
- 1 TL gemahlener Koriander
- 1 Messerspitze gemahlener Kardamom
- 1 Messerspitze Cayennepfeffer
- Salz
- 50 g Kichererbsenmehl oder anderes Mehl
- Öl zum Bestreichen

Die geschälten Pellkartoffeln durch eine Kartoffelpresse drücken.

In einer Schüssel das Lammhackfleisch und die Kartoffeln mischen.

Die Zwiebel abziehen und auf der Küchenreibe zum Fleisch reiben.

Die Pfefferschote halbieren und entkernen.

Die Petersilie waschen und trockenschütteln. Die Pfefferschote und die Petersilie fein hacken und zum Fleisch geben.

Mit den Mandeln, dem Ingwer, dem Kreuzkümmel, dem Koriander, dem Kardamom, dem Cayennepfeffer und Salz kräftig würzen und alles zu einem glatten Teig verarbeiten.

Mit nassen Händen aus dem Fleischteig pflaumengroße Klößchen formen, im Kichererbsenmehl wenden und je 3 Klößchen auf einen Holzspieß stecken. Im Grill

auf einer leicht eingeölten Alufolie 5–6 Minuten bräunen.

Die Klößchen mit Joghurt und frischem Mango-Chutney servieren.

Lammhackspieße mit Käse

4 Portionen

Salat:
1 kleiner Rotkohl, 600 g
3–4 EL Apfelessig
1/8 l Fleischbrühe
Salz
frisch gemahlener schwarzer Pfeffer
1 Zwiebel
1 Bund Schnittlauch
4 EL Öl

Spieße:
1 Brötchen vom Vortag
3 kleine, weiße oder rote Zwiebeln
1 Knoblauchzehe
200 g Lammhackfleisch
200 g Rinderhackfleisch
1 Ei
Salz
frisch gemahlener schwarzer Pfeffer
200 g Gouda am Stück
je 1 rote und 1 grüne Paprikaschote

Den Rotkohl waschen, vierteln, den harten Strunk herausschneiden und den Kohl fein hobeln. Essig und Brühe aufkochen, über den Kohl gießen. Mit Salz und Pfeffer kräftig würzen. Abkühlen lassen.

Die Zwiebel abziehen und fein hacken. Den Schnittlauch waschen und in kleine Röllchen schneiden. Die Zwiebeln zum Salat geben. Öl angießen, alles vermischen und nochmals abschmecken. Mit Schnittlauchröllchen bestreuen. Den Salat durchziehen lassen.

Inzwischen das Brötchen 5 Minuten in lauwarmem Wasser einweichen, gut ausdrücken. Die Zwiebeln abziehen, 1 Knolle fein würfeln, die übrigen vierteln. Die Knoblauchzehe abziehen und zerdrücken.

Lamm- und Rinderhackfleisch, ausgedrücktes Brötchen, Ei und gehackte Zwiebel gründlich vermischen. Mit Salz, Pfeffer und Knoblauch würzig abschmecken.

Den Käse in 12 Stücke schneiden. Aus dem Hackfleischteig 12 Klößchen formen, dabei jeweils ein Stück Käse in die Mitte drücken.

Die Paprikaschoten waschen, halbieren, Kerne und weiße Trennhäutchen entfernen. Die Schoten in Stücke schneiden. Alle Zutaten abwechselnd auf die Spieße stecken.

Spieße unter häufigem Wenden etwa 15 Minuten knusprig braun grillen.

Dazu Vollkornbaguette reichen.

Lammhacksteaks mit marinierten Zucchini

Zucchini 1/2 Tag vorher zubereiten

4 Portionen

4 mittelgroße Zucchini
5 EL Olivenöl
2–3 Zweige Minze
4 große Knoblauchzehen
2 Schalotten
Salz
frisch gemahlener Pfeffer
weißer Estragonessig
1 Zwiebel
1 Bund glatte Petersilie
750 g Lammhackfleisch
2 TL grüne Pfefferkörner
2 TL scharfer Senf
2 Eier
4 EL Semmelbrösel
Öl zum Bestreichen

Die Zucchini waschen, trockentupfen, Blüten- und Stielansatz entfernen. Der Länge nach in dünne Scheiben schneiden.

Das Olivenöl in einer großen Pfanne erhitzen und die Zucchini darin portionsweise auf beiden Seiten braun anbraten. Aus dem Öl heben und auf Küchenpapier abtropfen lassen.

Die Minze waschen, trockenschütteln, 4 kleine Büschel für die Dekoration zurückbehalten und die restlichen Blätter in feine Streifen schneiden.

Die Knoblauchzehen und die Schalotten abziehen, halbieren und in dünne Scheiben schneiden.

Eine Lage Zucchinischeiben in eine flache Auflaufform legen. Salz, Pfeffer, etwas Minze, den Knoblauch und die Schalotten darübergeben. Mit dem Estragonessig beträufeln.

Auf diese Weise eine Lage nach der anderen übereinanderschichten.

Zugedeckt im Kühlschrank einige Stunden marinieren.

Die Zwiebel abziehen und fein hacken.

Die Petersilie waschen, trockenschütteln und hacken.

Das Lammhackfleisch in einer Schüssel mit der Zwiebel, der Petersilie, den Pfefferkörnern, Salz, dem Senf, den Eiern und den Semmelbröseln gut verkneten. 8 Klopse formen und etwas flachdrücken.

Die Lammhacksteaks mit etwas Öl bestreichen und im Grill auf einer leicht eingeölten Alufolie auf jeder Seite 4 bis 5 Minuten bräunen. Die fertigen Steaks portionsweise mit den marinierten Zucchini anrichten und mit den Minzebüscheln dekorieren.

Dazu schmeckt frisches Weißbrot.

Gegrillte Rehburger

4 Portionen

1 Zwiebel
600 g Rehfleisch aus der Keule
2 Eier
6 EL Semmelbrösel
4 cl Cognac
1 TL Majoran
1 TL Salbei
1 TL Thymian
Salz
frisch gemahlener Pfeffer
8 Scheiben Frühstücksspeck

Die Zwiebeln abziehen und fein hacken.

Das Rehfleisch hacken. In einer Schüssel mit den Eiern, den Semmelbröseln, der Zwiebel, dem Cognac, Majoran, Salbei, Thymian, Piment, Salz und Pfeffer zu einem geschmeidigen Teig verkneten.

Aus dem Fleischteig 8 Kugeln formen und flach drücken, bis sie ca. 3 cm dick sind. Jedes Stück mit 2 Scheiben Speck umwickeln, mit Zahnstochern feststecken.

Die Rehburger auf jeder Seite 3 bis 4 Minuten grillen.

Mit Preiselbeerkompott servieren. Dazu schmecken Herzoginkartoffeln oder Spätzle.

Griechische Lammhacksteaks mit gedünsteten Frühlingszwiebeln

4 Portionen

2 große Zwiebeln
2 Knoblauchzehen
700 g Lammhackfleisch
2 Eier
4 EL Semmelbrösel
50 g schwarze Oliven ohne Stein
100 g Schafskäse
Salz
frisch gemahlener Pfeffer
1 Messerspitze Cayennepfeffer
1 TL Majoran
1 TL Paprikapulver edelsüß
2 Bund Frühlingszwiebeln
2 EL gesalzene Butter
Öl zum Bestreichen
1 Zitrone

Die Zwiebeln und die Knoblauchzehen abziehen und grob hacken.

In einer Schüssel das Lammhackfleisch mit den Eiern, den Semmelbröseln, den Zwiebeln und dem Knoblauch gut verkneten.

Die Oliven hacken und zu dem Fleischteig geben. Den Schafskäse dazu bröckeln. Kräftig mit Salz, Pfeffer, Cayennepfeffer, dem Majoran und dem Paprikapulver würzen und alles gut vermischen.

Die Frühlingszwiebeln putzen und waschen.

In einer tiefen Pfanne die Butter zerlassen und die tropfnassen Frühlingszwiebeln darin bei mittlerer Hitze zugedeckt 10 Minuten dünsten.

In der Zwischenzeit aus dem Fleischteig 8 Klopse formen und ein wenig flach drücken. Die Hacksteaks mit etwas Öl bestreichen und bei mittlerer Hitze auf jeder Seite etwa 4 Minuten grillen.

Die Zitrone in 8 Schnitze zerteilen.

Die Lauchzwiebeln, die Hacksteaks und die Zitronenschnitze auf 4 Tellern anrichten.

Dazu Pitabrot reichen.

Gefüllte Zucchini in Zitronensauce

4 Portionen

1 Zwiebel
1 Knoblauchzehe
100 g gekochter Schinken
4 EL Olivenöl
5 Zweige Thymian
250 g gemischtes Hackfleisch
Salz
frisch gemahlener Pfeffer
4 Zucchini à 250 g
1 Bund glatte Petersilie
1/4 l Geflügelfond aus dem Glas
300 g Crème fraîche
200 g Schlagsahne
Saft von 1 Zitrone
1 Prise Zucker

Die Zwiebel und die Knoblauchzehe abziehen und hacken.

Den Schinken in kleine Würfel schneiden.

2 Eßlöffel Olivenöl erhitzen.

Zwiebel, Knoblauch und Schinken kurz darin dünsten und vom Herd nehmen.

Den Thymian waschen, trockenschütteln und die Blättchen von den Stengeln streifen.

Das Hackfleisch in die Zwiebel-Schinkenmischung geben, mit Thymian, Salz und Pfeffer würzen.

Die Zucchini waschen und der Länge nach halbieren. Mit einem Teelöffel bis auf einen etwa 1/2 cm dicken Rand aushöhlen. Das ausgelöste Fruchtfleisch grob hacken.

Die Petersilie waschen, trockenschütteln und fein hacken.

Das restliche Öl in einer feuerfesten Form erhitzen. Die Zucchinihälften auf beiden Seiten kurz anbraten. Zucchini aus der Form heben und auf Küchenpapier abtropfen lassen.

Das Zucchinifleisch und die Petersilie im Öl unter Rühren 3 Minuten braten. Die Form vom Herd nehmen.

Die Zucchinihälften mit der Hackfleischmasse füllen und nebeneinander in die Form stellen. Den Geflügelfond angießen.

Im vorgeheizten Backofen bei 180°C auf der mittleren Schiene 25 Minuten schmoren. Dann die Crème fraîche über die gefüllten Zucchini verteilen. Den Grill einschalten und die Zucchini goldbraun gratinieren.

Die Zucchini herausheben und im abgeschalteten Backofen auf einer Servierplatte warm halten.

Den Schmorsud durch ein Sieb in einen Topf umgießen. Die Schlagsahne zufügen und die Sauce auf die Hälfte einkochen. Mit Zitronensaft, Salz, Pfeffer und Zucker abschmecken und getrennt zu den gefüllten Zucchini reichen.

Als Beilage körnigen Reis servieren.

Gefüllte Auberginen

4 Portionen

4 kleine Auberginen
1 Zwiebel
3 Knoblauchzehen
250 g gemischtes Hackfleisch
1 Ei
50 g Rosinen
50 g Pinienkerne
100 g Schafskäse
1 TL Oregano
Salz
frisch gemahlener Pfeffer
4 EL Olivenöl
1/8 l Rotwein
1 kleine Dose gehackte Tomaten, 400 g
2 EL Tomatenmark

Die Auberginen waschen, den Stielansatz daran lassen und die Auberginen der Länge nach halbieren. Mit einem Löffel bis auf einen 1/2 cm breiten Rand aushöhlen.

Die Zwiebel und die Knoblauchzehen abziehen und fein hacken.

Das Hackfleisch in einer Schüssel mit dem Ei, den Rosinen, den Pinienkernen, Zwiebel und Knoblauch gut verkneten. Den Schafskäse dazubröckeln und untermischen. Mit Oregano, Salz und Pfeffer kräftig würzen und die Füllung in die 8 Auberginenhälften verteilen.

In einem Bräter das Olivenöl erhitzen. Die gefüllten Auberginen hineinsetzen und kurz anbraten. Den Rotwein angießen und die gehackten Tomaten zufügen. Den Bräter mit Alufolie abdecken.

Im vorgeheizten Backofen bei 200°C auf der mittleren Stufe zugedeckt 30 Minuten schmoren lassen.

Die Alufolie entfernen und die Auberginen unter dem Grill 10 Minuten bräunen.

Die Auberginen herausheben und die Sauce mit Tomatenmark, Salz und Pfeffer nachwürzen, mit dem Pürierstab musig rühren.

Mit körnigem Reis oder frischem Weißbrot servieren.

Geflügel

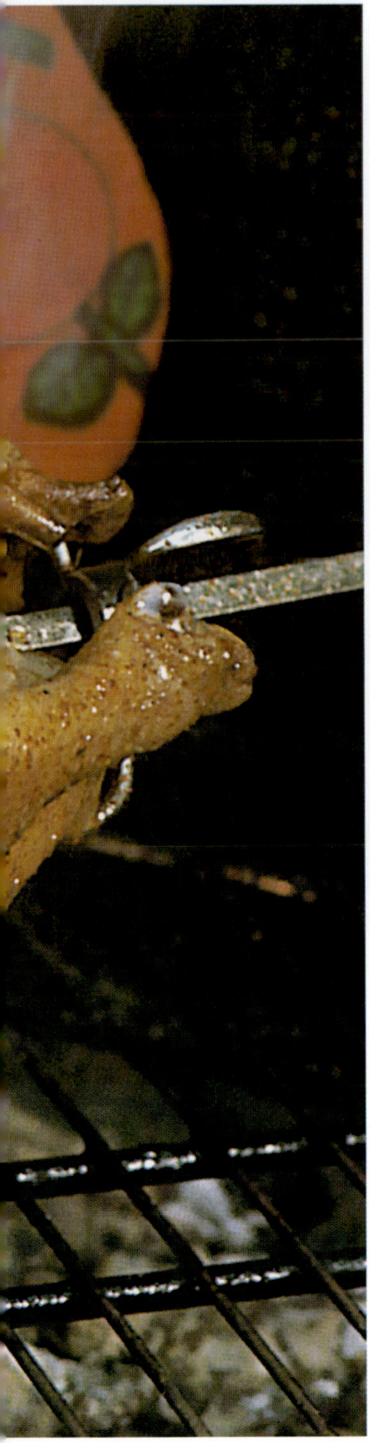

Hähnchen Piri-Piri

4 Portionen

2 Brathähnchen à 1 kg
Salz
1 Bund glatte Petersilie
1 TL getrockneter Rosmarin
4 EL Olivenöl
1 gestrichener TL Cayennepfeffer

Die Hähnchen waschen, trockentupfen und innen und außen mit Salz einreiben.

Die Petersilie waschen, trockenschütteln und mit dem Rosmarin in die Bauchhöhle der Hähnchen füllen. Die Hähnchenkeulen und -flügel mit Grillnadeln feststecken oder mit Küchengarn festbinden.

Das Olivenöl mit dem Cayennepfeffer verrühren. Die Hähnchen mit dem Öl bestreichen und auf einen Bratspieß stecken. In mittlerer Höhe gut 1 Stunde bei großer Hitze grillen, dabei häufig drehen. Während des Grillens mehrmals mit dem Öl bestreichen.

Tip:
Für Piri-Piri-Öl 1/2 Liter Olivenöl mit 30 g kleinen, getrockneten roten Chilischoten in einer sauberen, trockenen Flasche oder in einem gut schließenden Schraubglas ansetzen. Nach 4–6 Wochen ist das brennend scharfe Gewürzöl gebrauchsfertig. Man kann damit auch Scampi, Steaks und Koteletts bestreichen.

Gegrilltes Brathähnchen, mit Kräutern gefüllt

4 Portionen

2 Brathähnchen à 1 kg
Salz
1 Bund glatte Petersilie
4 Zweige Oregano
4 Zweige Thymian
60 g Kräuterbutter (s. Seite 117)
4 EL Öl
frisch gemahlener Pfeffer
1 TL Paprikapulver Edelsüß

Die Hähnchen waschen, trockentupfen und innen und außen mit Salz einreiben.

Die Kräuter waschen, trockenschütteln und mit der Kräuterbutter in die Bauchhöhlen der Hähnchen geben. Die Hähnchenkeulen und -flügel mit Grillnadeln feststecken oder mit Küchengarn festbinden.

Das Öl mit Pfeffer und Paprikapulver verrühren. Die Hähnchen mit dem Öl bestreichen und auf einen Drehspieß stecken. In mittlerer Höhe gut 1 Stunde bei großer Hitze grillen. Während des Grillens mehrmals mit dem Öl bestreichen.

Dazu schmecken frische Blattsalate oder marinierte Gemüse und gewürztes Brot.

Gefüllte Poularde vom Grill

4 Portionen

1 Poularde, ca. 1,2 kg
Salz
frisch gemahlener Pfeffer
frisch geriebene Muskatnuß
2 EL Zitronensaft
250 g Birnen
250 g Weintrauben
100 g Frühstücksspeck
Öl zum Bestreichen

Die Poularde waschen, trockentupfen, außen und innen mit Salz, Pfeffer, Muskat und Zitronensaft einreiben.

Die Birnen schälen, in 8 Spalten schneiden und entkernen. Die Weintrauben gründlich waschen, halbieren und entkernen.

Den Frühstücksspeck in kleine Würfel schneiden. Birnen, Trauben und Speck vermischen und in die Poularde füllen. Die Öffnung mit Küchengarn gut zunähen. Die Poularde auf einen Drehspieß stecken, mit Öl bestreichen und bei mittlerer Hitze etwa 1 1/2 Stunden grillen, dabei mehrmal wieder mit etwas Öl bestreichen.

Die Poularde vom Spieß nehmen, kurz ruhen lassen und aufgeschnitten servieren.

Dazu paßt Kartoffelpüree.

Ente am Spieß

2 Portionen

1 junge Flugente
Salz
frisch gemahlener weißer Pfeffer

Den Grill anstellen oder vorheizen.

Die Ente waschen, trockentupfen und mit Salz und Pfeffer würzen. Auf den Bratspieß stecken.

Erst die Klammer am Hals befestigen und dann die Klammer am unteren Ende möglichst fest dagegen schieben, ohne daß die Keulen verletzt werden.

Eine Ente von ca. 1,5 kg Gewicht braucht am Spieß unter dem Grill ca. 45 Minuten. Nach dieser Garzeit ist das Brustfleisch sehr saftig und noch schwach rosa. Schon 5–10 Minuten mehr genügen, damit die Ente völlig durchgebraten ist.

Die Beilagen sind zum Beispiel Feldsalat und schwäbischer Kartoffelsalat .

Marinierte Entenbrust mit Pflaumensauce und gebratenem Reis

12 Stunden vorher oder am Vorabend marinieren

4 Portionen

Entenbrust:
2 Stück eingelegter oder
15 g frischer Ingwer
2 Knoblauchzehen
100 ml Sojasauce
100 ml trockener Sherry
100 g Honig
2 Barbarie-Entenbrüste, ca 700 g
2 EL Öl

Pflaumensauce:
1/2 TL gehackter Ingwer
1 Messerspitze zerstoßener Koriander
1 Nelke, zerstoßen
1 EL Öl
2 EL milder Weinessig
1 EL Zitronensaft
4 EL Pflaumenmus
1 Prise Salz
frisch gemahlener weißer Pfeffer
1/2 TL geriebene, unbehandelte Orangenschale

Reis:
50 g Wildreis
100 g Naturreis
Salz
1 Zwiebel
1 rote Paprikaschote
2 Stengel Sellerie
4 EL Öl
2 EL Pinienkerne
frisch gemahlener schwarzer Pfeffer
frisch geriebene Muskatnuß

Den eingelegten oder den geschälten, frischen Ingwer kleinhacken, die Knoblauchzehen halbieren und mit Sojasauce, Sherry und Honig aufkochen. Den Sirup bei schwacher Hitze 10 Minuten köcheln lassen.

Die Entenbrüste in den erkalteten Sirup legen und mindestens 12 Stunden marinieren.

Danach aus der Marinade heben und gut trockentupfen.

Das Öl in einer Pfanne erhitzen und die Brüste erst auf der Hautseite, dann auf der Fleischseite insgesamt gut 5 Minuten braten. Jede Brust einzeln in Alufolie wickeln und im vorgeheizten Backofen bei 120°C ca. 20 Minuten ruhen lassen.

Den Infra-Grill vorheizen. Den Saft aus dem Päckchen zur Pflaumensauce gießen und die Entenbrüste mit der Hautseite nach oben auf die Folie legen. Mit Marinade bestreichen und so lange unter den Grill stellen, bis sie knusprig braun sind.

Die Entenbrüste zum Anrichten in schräge, etwa 1 cm dicke Scheiben schneiden.

Für die Pflaumensauce Ingwer, Koriander und Nelke im heißen Öl kurz angehen lassen. Mit Essig und Zitronensaft löschen. 6 Eßlöffel Marinade und das Pflaumenmus einrühren, schwach salzen und die Gewürze zugeben. Die Sauce auf schwacher Hitze einkochen lassen und dabei bedenken, daß noch etwas Saft von den Entenbrüsten dazukommt.

Den Wildreis mit kochendheißem Wasser übergießen und 1 Stunde quellen lassen, dann abgießen, spülen und mit dem Naturreis in gesalzenem Wasser ca. 30 Minuten kochen (Garprobe!). Den gekochten Reis abgießen, kalt spülen und gut abtropfen lassen.

Die Zwiebel abziehen und fein hacken. Die Paprikaschote waschen, putzen, entkernen und fein würfeln. Die Selleriestangen abziehen und fein schneiden.

Das Öl in einer schweren Bratpfanne erhitzen. Zwiebel, Paprikaschote und Sellerie 5 Minuten dünsten. Die Pinienkerne zugeben und die Hitze stark erhöhen. Den Reis einrühren und alles einige Minuten unter Rühren braten. Mit Pfeffer, Muskatnuß und Salz abschmecken.

Hühnerkeule mit Trinidadsauce

4 Portionen

40 g Kokosraspel
150 ml Milch
4 Hühnerkeulen à 250 g
Salz
frisch gemahlener schwarzer Pfeffer
Öl zum Bestreichen
1/8 l Rinderfond aus dem Glas
2 EL brauner Rum
Saft von 1 Limette
100 g Schlagsahne
1 Messerspitze Cayennepfeffer

Die Kokosraspel mit der Milch aufkochen und ziehen lassen.

Die Hühnerkeulen waschen, trockentupfen, salzen und pfeffern und rundum mit Öl bestreichen. Auf eine leicht eingeölte Alufolie legen und im Grill bei kleiner bis mittlerer Hitze etwa 25 Minuten grillen, dabei einmal wenden.

Den Rinderfond mit der Kokosmilch erhitzen, Rum, Limettensaft und Schlagsahne einrühren und mit Cayennepfeffer und Salz würzen. Die Sauce etwas einkochen, mit Salz und Pfeffer abschmecken und mit den Hühnerkeulen auf vorgewärmten Tellern anrichten.

Hühnerkeule „Bamako“

4 Portionen

4 Hühnerkeulen à 250 g
Salz
frisch gemahlener schwarzer Pfeffer
Öl zum Bestreichen
200 ml Hühnerfond aus dem Glas
1 TL Fleischextrakt
150 ml gehackte Tomaten (Fertigprodukt)
1 entkernte, gehackte Chilischote
2 Knoblauchzehen
50 g Erdnußbutter
1 EL geröstete Erdnußkerne

Die Hühnerkeulen waschen, trockentupfen, salzen und pfeffern und rundum mit Öl bestreichen. Auf eine leicht eingeölte Alufolie legen und im Grill bei kleiner bis mittlerer Hitze etwa 25 Minuten grillen, dabei einmal wenden.

Den Hühnerfond zum Kochen bringen, den Fleischextrakt, die gehackten Tomaten und die Chilischote zufügen und etwas einkochen lassen.

Die Knoblauchzehen abziehen und durch die Presse zur Sauce drücken. Die Erdnußbutter langsam einrühren, die Sauce mit Salz und Pfeffer abschmecken.

Die Hühnerkeulen auf der Sauce portionsweise anrichten und mit den Erdnußkernen bestreuen.

Barbecue-Hühnerflügel

Die Flügel 6 bis 8 Stunden marinieren

4 Portionen

1 kg Hühnerflügel	
6 EL Chilisauce (Fertigprodukt)	
3 EL Sojasauce	
4 EL Honig	
Saft von 1 Limette	
2 große Knoblauchzehen	
4 getrocknete rote Chilischoten	
1 TL Salz	
1 TL Paprikapulver edelsüß	
$^1/_2$ TL Ingwerpulver	

Die Hühnerflügel waschen und mit Küchenpapier trockentupfen.

Die Chilisauce mit der Sojasauce, dem Honig und dem Limettensaft in einer kleinen Schüssel gut verrühren.

Die Knoblauchzehen abziehen und durch eine Presse zur Sauce drücken.

Die Chilischoten im Mörser zerstoßen. Mit dem Salz, dem Paprika- und dem Ingwerpulver unter die Sauce rühren.

Die Hühnerflügel in eine Glas- oder Porzellanschale legen und mit der Barbecuesauce übergießen. Die Schale abdecken und für mindestens 6 Stunden zum Marinieren in den Kühlschrank stellen.

Die Hühnerflügel aus der Marinade heben und nebeneinander in 4 kleine feuerfeste Schalen legen, die Marinade darüber verteilen.

Unter dem vorgeheizten Grill im Backofen 10–15 Minuten grillen. Falls die Flügelspitzen zu dunkel werden, locker Alufolie darüber legen.

Tip:
Statt im Backofen können die Flügel auch im Freien auf dem Grill zubereitet werden. Dafür Alufolie auf die Grillstäbe legen, die Flügel darauf setzen und während des Grillens immer wieder mit der Marinade beträufeln.

Indisches Tandoori-Huhn

Die Marinade sollte mindestens 6, besser aber 24 Stunden in das Fleisch einziehen können.

4 Portionen

- 1,2 kg Hähnchenkeulen
- Salz
- Saft von 1 großen Zitrone
- 1 kleine Zwiebel
- 2 Knoblauchzehen
- 1 haselnußgroßes Stück frischer Ingwer
- 1 frische Chilischote
- 2 TL Garam Masala
- 2 EL Tandoori-Paste
- 2 EL Tandoori-Masala
- 3 Becher (450 g) Vollmilch-Joghurt
- Limettenschnitze zum Garnieren

Die Hähnchenkeulen waschen, abtrocknen und in Ober- und Unterkeulen teilen. Jedes Stück drei- bis viermal der Länge nach einschlitzen. Mit Salz und Zitronensaft massieren und ruhen lassen.

Zwiebel, Knoblauchzehen und Ingwer schälen, Zwiebel klein würfeln, Knoblauch durchpressen, Ingwer in dünne Scheiben schneiden. Die Chilischote putzen, aufschlitzen, die Kernchen herauswaschen, die Schote in feine Streifen schneiden. Alles mit den Gewürzen und Joghurt gründlich verrühren.

Hühnerteile damit einreiben (Gummihandschuhe anziehen!), samt der Paste in eine tiefe Schüssel geben. Zugedeckt in den Kühlschrank stellen, mindestens 6, besser 24 Stunden durchziehen lassen.

Teile aus der Marinade nehmen, möglichst viel Marinade abschütteln. Die Teile auf ein Backblech legen und im vorgeheizten Grill im Backofen 20 bis 25 Minuten garen. Mit Limettenspalten anrichten.

Putenherzen am Spieß

4 Portionen

- 16 Putenherzen
- 1/8 l Milch
- 8 kleine Schalotten
- 200 g Frühstücksspeck am Stück
- 8 Champignons
- 2 kleine Zucchini
- 2 EL Öl
- Oregano
- Thymian
- frisch gemahlener Pfeffer
- Salz

Die Putenherzen in eine Schüssel geben und die Milch darüber gießen. 10 Minuten ziehen lassen, danach die Herzen aus der Milch heben und mit Küchenpapier trockentupfen.

Die Schalotten abziehen und kurz in kochendem Wasser blanchieren.

Den Frühstücksspeck in grobe Würfel schneiden.

Die Champignons abreiben und die Stiele entfernen. Die Zucchini putzen, waschen und in nicht zu dünne Scheiben schneiden.

8 Grillspieße abwechselnd mit Putenherzen, Schalotten, Frühstücksspeck, Champignons oder Zucchinischeiben bestecken.

Das Öl mit Oregano, Thymian, Pfeffer und Salz verrühren und die Spieße damit bestreichen.

Die Spieße bei mittlerer Hitze etwa 12 Minuten grillen, zwischendurch wenden und mit dem Grillöl bestreichen. Vor dem Servieren mit frisch gemahlenem Pfeffer würzen.

Geflügelleber-Spieße

2 Portionen

125 g kleine Grillzwiebeln oder Schalotten
200 g Geflügelleber
100 g Geflügelnieren
75 g durchwachsener Räucherspeck
1 EL Olivenöl
Salz
frisch gemahlener schwarzer Pfeffer

Die Zwiebeln schälen und einige Minuten in kochendem Wasser blanchieren, gut abtropfen lassen.

Leber und Nieren putzen und mundgerecht würfeln, den Speck in Stücke schneiden. Alle Zutaten abwechselnd auf Spieße reihen. Die Spieße mit Öl bestreichen und auf dem Grill etwa 10 Minuten rundum grillen. Kurz vor Ende der Garzeit salzen und pfeffern.

Mit Kartoffelpüree und Brunnenkresse anrichten.

Gegrillte Putenkeulen mit Rettichsalat

4 Portionen

2 TL Honig
6 EL Sojasauce
frisch gemahlener Pfeffer
1 Messerspitze Ingwerpulver
Tabasco
1/2 TL Sesamöl
4 kleine Putenkeulen
Öl zum Bestreichen
1 Bund Radieschen
1 Bund Eiszapfenrettiche
200 g Eisbergsalat
1 gelbe Paprikaschote
2 Zwiebeln
2 EL Kräuteressig
Salz
1 TL scharfer Senf
4 EL Öl

Aus 1 Teelöffel Honig, der Sojasauce, Pfeffer, Ingwer, ein paar Spritzern Tabasco und dem Sesamöl eine Marinade rühren und die Putenschenkel damit bestreichen.

Die Putenschenkel mit Öl bestreichen und auf einer leicht eingeölten Alufolie im Grill bei kleiner bis mittlerer Hitze rundherum etwa 25 Minuten grillen.

In der Zwischenzeit die Radieschen, Rettiche, den Eisbergsalat und die Paprikaschote putzen und waschen, die Schote entkernen. Die Radieschen und die Rettiche grob raspeln oder in Scheiben schneiden, den Salat in mundgerechte Stücke zupfen und die Paprikaschote in Streifen schneiden.

Die Zwiebeln abziehen und in dünne Ringe schneiden.

Den Essig mit Salz, Pfeffer, Senf, dem restlichen Honig und dem Öl zu einer Marinade verrühren, über den Salat verteilen und alles gut durchmischen.

Die Enden der gegrillten Putenschenkel mit Folie umwickeln und mit dem Salat sofort servieren.

Putensteaks mit kalter Olivensauce

4 Portionen

4 Zweige Basilikum
2 große Knoblauchzehen
100 g schwarze Oliven ohne Stein
75 g Pinienkerne
1 EL Kapern
2 EL Balsamico-Essig
100 ml natives Olivenöl
6 cl Brandy
1 EL Crème fraîche
Salz
frisch gemahlener Pfeffer
1 Messerspitze Cayennepfeffer
4 Putenbruststeaks à 200 g
Kräuter-Pfefferöl zum Bestreichen (s. Seite 94)

Das Basilikum waschen, trockenschütteln und die Blättchen abzupfen. Die Knoblauchzehen abziehen.

Basilikum, Knoblauch, Oliven, Pinienkerne, Kapern, Essig, Olivenöl und Brandy im Mixer pürieren. Die Sauce mit Crème fraîche, Salz, Pfeffer und Cayennepfeffer würzig abschmecken.

Die Putensteaks waschen, trockentupfen und mit der Hand flachdrücken. Die Steaks mit dem Kräuter-Pfefferöl bestreichen und auf dem heißen Grill auf jeder Seite 3 bis 4 Minuten grillen.

Die Olivensauce getrennt zu den Steaks reichen.

Mit Baguette und frischen Salaten servieren.

Truthahnfrikadellen in Curry-Apfel-sauce

4 Portionen

1 Zwiebel
2 säuerliche Äpfel
2 EL Butter
2 TL Currypulver
1 EL Lavendelhonig
350 g Joghurt
Salz
frisch gemahlener Pfeffer
750 g Putenbrust
1 Bund glatte Petersilie
2 Eier
2 EL Semmelbrösel
Öl zum Bestreichen

Die Zwiebel abziehen und sehr fein hacken.

Die Äpfel schälen, vierteln, entkernen und in dünne Scheiben schneiden.

Die Butter in einer Pfanne erhitzen und die Zwiebel glasig dünsten. Mit dem Currypulver bestäuben und den Curry unter Rühren kurz mitbraten. Die Apfelscheiben zugeben und in 5 Minuten weich dünsten.

Den Honig unterrühren. Weitere 2 Minuten garen, dann vom Herd nehmen.

Das Joghurt unter die Zwiebel-Apfelmischung rühren, mit wenig Salz und Pfeffer abschmecken.

Die Putenbrust waschen, trockentupfen und hacken oder durch den Fleischwolf drehen.

Die Petersilie waschen, trockenschütteln und fein hacken. Putenbrust mit der Petersilie, den Eiern, den Semmelbröseln und 2 Eßlöffeln der Curry-Apfelsauce gut vermischen, mit Salz und Pfeffer würzen.

Aus dem Fleischteig mit nassen Händen 8 Frikadellen formen. Die Frikadellen mit etwas Öl bestreichen und auf einer Alufolie im Grill auf jeder Seite 4–5 Minuten garen.

Die fertigen Frikadellen mit der warmen Currysauce servieren.

Mixed Grill vom Truthahn

Putenkeulen 1/2 Tag marinieren

4 Portionen

1 Zwiebel
4 EL Salz
1 EL grob gestoßene schwarze Pfefferkörner
1 EL Wacholderbeeren
2 Lorbeerblätter
1 EL Thymian
1 EL Rosmarin
2 Putenunterkeulen
1 kleine Putenoberkeule
Öl zum Bestreichen
4 Puten-Grillwürste
2 Scheiben Putenfleischkäse

Die Zwiebel abziehen und in Ringe schneiden.

2 Liter Wasser mit dem Salz, Pfeffer, Wacholderbeeren, Lorbeerblättern und etwas Thymian und Rosmarin aufkochen und abkühlen lassen.

Die Putenkeulen unter fließendem Wasser abspülen, in eine weite Schüssel legen und mit der Marinade begießen. Zugedeckt im Kühlschrank 1/2 Tag marinieren, dabei gelegentlich wenden.

Die Keulen aus der Marinade heben und trockentupfen. Das Fleisch mit den restlichen Kräutern einreiben und mit Öl bestreichen. Auf dem vorgeheizten Grill bei mittlerer Hitze etwa

1 Stunde rundum grillen, dazwischen öfter mit Öl bestreichen.

Die Grillwürste und den Fleischkäse mit Öl bepinseln und 10 Minuten vor Ende der Garzeit zu den Keulen auf den Grill legen.

Dazu frischen Blattsalat reichen.

Gegrillte Forelle

2 Portionen

2 frische Forellen, je ca. 350 g, Regenbogen- oder Bachforellen, auch Renken eignen sich
3 EL Zitronensaft
Salz
frischgemahlener schwarzer Pfeffer
je einige Zweige Thymian, Petersilie und Zitronenmelisse
2 Knoblauchzehen
400 g Tomaten

Die Forellen waschen und abtrocknen. Innen und außen mit Zitronensaft einreiben, salzen und pfeffern. In die Bauchöffnung jeweils einige Kräuterzweige und eine geschälte, gestiftelte Knoblauchzehe geben. Die Fische an der dicksten Stelle 3–4 mal leicht einritzen.

Tomaten waschen und in Scheiben schneiden, in zwei Gratinformen legen, die Forellen daraufsetzen.

Unter dem heißen Grill im Backofen 10–12 Minuten bräunen, zwischendurch einmal wenden.

Fische vom Grill

Fische 1 Stunde marinieren

4 Portionen

4 küchenfertige Forellen oder Renken
Salz
frisch gemahlener weißer Pfeffer
Saft von 2 Zitronen
2 Zwiebeln
1 Bund glatte Petersilie
Öl zum Bestreichen

Die Fische unter fließendem Wasser säubern und leicht trockentupfen. Die Fische außen und innen salzen, pfeffern, mit dem Zitronensaft beträufeln und etwa 1 Stunde ziehen lassen.

Die Zwiebeln abziehen und in Ringe schneiden. Die Petersilie waschen und trockenschütteln. Zwiebel und Petersilie in die Bauchhöhle der Fische geben.

Die Fische und den Grillrost dick mit Öl bestreichen, die Fische in einen drehbaren Doppelrost

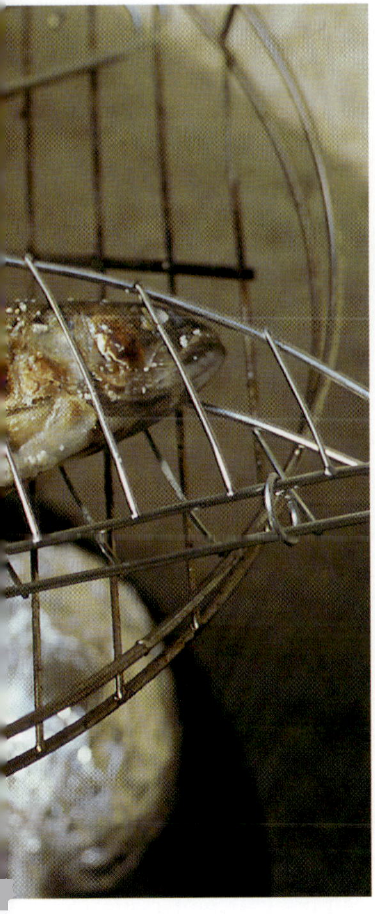

einspannen und auf beiden Seiten insgesamt etwa 20 Minuten grillen.

Variation:
Die Fische mit gemischten, frischen Kräutern wie Rosmarin, Thymian, Dill und Petersilie füllen und in Alufolie einschlagen. Die Fische vor dem Einpacken mit Butterflöckchen belegen und nicht einölen.

Gegrillte Forellen im Speckmantel

Forellen vom Fischhändler küchenfertig vorbereiten lassen

4 Forellen à 250 g
2 EL Zitronensaft
Salz
Pfeffer
1 Bund gemischte Kräuter, z. B. Petersilie, Kerbel, Estragon
100 g Kräuterbutter (s. Seite 117)
16 Scheiben Frühstücksspeck
Öl zum Bestreichen

Die Forellen waschen, trockentupfen, innen und außen mit Zitronensaft beträufeln und mit Salz und Pfeffer würzen.

Die Kräuter waschen, trockenschütteln und mit der Kräuterbutter in die Bauchhöhle der Fische verteilen. Um jede Forelle 4 Scheiben Frühstücksspeck wickeln und mit Küchengarn festbinden.

Den Grillrost gut einölen und die Forellen auf dem heißen Grill auf jeder Seite etwa 7 Minuten grillen.

Mit Knoblauchbaguette und Salaten servieren.

Gegrillter Aal mit Salbei

Aal vom Fischhändler ausnehmen und die Haut abziehen lassen

4 Portionen

1 kg frischer Aal
Salz
1 Zitrone
Öl zum Bestreichen
12 frische Salbeiblätter

Den Aal waschen, trockentupfen und in 10 cm lange Stücke schneiden. Mit Salz einreiben.

Die Zitrone in dünne Scheiben schneiden. Die Zitronenscheiben und die Salbeiblätter in die Bauchöffnung der Aalstücke stecken und den Aal mit Öl bestreichen.

Die Aalstücke mit der Bauchöffnung nach oben auf den eingeölten Grillrost legen und bei mittlerer Hitze etwa 25 Minuten grillen. Nach der Hälfte der Garzeit die Fischstücke vorsichtig wenden.

Dazu passen Salzkartoffeln und Gurkensalat mit Sauerrahmdressing.

Heilbutt vom Rost

4 Portionen

4 Scheiben Heilbutt à 200 g
2 Zitronen
Salz
Öl zum Bestreichen
75 g Kräuterbutter

Die Heilbuttscheiben waschen und trockentupfen. Den Fisch in eine Schüssel legen, mit dem Saft von 1 Zitrone beträufeln, leicht salzen und 5 Minuten marinieren.

Die Fischscheiben mit Öl bestreichen und auf den geölten Grillrost legen. Bei mittlerer Hitze auf jeder Seite 5 Minuten grillen.

Die zweite Zitrone in 8 Scheiben schneiden und die Kräuterbutter darauf verteilen. Am schönsten sieht es aus, wenn man die zimmerwarme Kräuterbutter durch eine Spritztüte mit Sterntülle auf die Zitronenscheiben spritzt.

Den Fisch portionsweise mit der Kräuterbutter anrichten und sofort servieren.

Als Beilage schmecken frische Gemüse wie Butterbohnen, Stangenspargel, kleine Karotten und gefüllte Tomaten.

Gegrillte grüne Heringe

Heringe vom Fischhändler küchenfertig vorbereiten lassen

4 Portionen

8 grüne Heringe
Saft von 2 Zitronen
Salz
1 EL scharfer Senf
Olivenöl zum Bestreichen
Für die Kräuter-Eisauce:
4 hartgekochte Eier
2 EL Olivenöl
1 TL Zitronensaft
frisch gemahlener Pfeffer
Salz
1 TL scharfer Senf
1 kleine Zwiebel
1 EL Kapern
1 Kräutersträußchen
(z. B. Petersilie, Schnittlauch, Estragon, Zitronenmelisse, Dill)
Öl zum Bestreichen

Die Heringe unter fließendem Wasser säubern und trockentupfen.

Die Fische mit dem Zitronensaft beträufeln, salzen und die Innenseiten mit Senf bestreichen.
Etwa 15 Minuten ziehen lassen.

Inzwischen für die Sauce die Eier halbieren, das Eigelb auslösen und mit einer Gabel fein zerdrücken. Das Eiweiß fein würfeln. Eigelb mit dem Olivenöl, Zitronensaft, Pfeffer, Salz und Senf gut verrühren.

Die Zwiebel abziehen und mit den Kapern fein hacken.

Die Kräuter waschen, trockenschütteln und fein hacken. Zwiebel, Kapern, Kräuter und das gehackte Eiweiß zur Eigelbcreme geben, alles vermischen und mit Salz und Pfeffer abschmecken.

Die Heringe mit Öl bestreichen und auf einem gut gefetteten Rost auf jeder Seite 4–5 Minuten grillen. Mit der Ei-Kräutersauce servieren.

Grillfisch aus dem Ofen

2 Portionen

2 mittelgroße Fische von je etwa 350 g (z. B. Forellen oder Makrelen)
Zitronensaft
Salz
frisch gemahlener Pfeffer
Fett für die Form
4 Tomaten
2 EL Semmelbrösel
2 EL weiche Butter
2 EL Parmesan
Salat zum Servieren

Die Fische waschen und gründlich abtrocknen. Innen und außen mit Zitronensaft einreiben, salzen und pfeffern. An der dicksten Stelle 3- bis 4mal einschneiden, damit sie gleichmäßig garen. In zwei gefettete Gratinformen legen.

Die Tomaten waschen und kreuzweise einschneiden. Semmelbrösel, Butter und Käse verkneten und auf die Tomaten setzen. In die Formen geben.

Im Backofen unter den vorgeheizten Grill schieben, 10 bis 12 Minuten grillen. Zwischendurch die Fische einmal wenden. Mit Salat anrichten.

Lachskoteletts mit Fenchel

4 Portionen

4 Fenchelknollen
4 Lachskoteletts à 150 g
Salz
frisch gemahlener weißer Pfeffer
Öl zum Bestreichen
2 EL Butter
2 EL Öl
1 EL gekörnte Brühe
Saft von 1 Zitrone

Die Fenchelknollen putzen, waschen und senkrecht in fingerdicke Scheiben schneiden.

Die Lachskoteletts waschen, mit Küchenpapier trockentupfen, schwach salzen und pfeffern und auf beiden Seiten mit Öl bestreichen.

In einer großen Pfanne die Butter und das Öl erhitzen und die Fenchelscheiben rundum anbraten. Mit der gekörnten Brühe bestreuen und 200 ml heißes Wasser angießen. Den Fenchel bei mittlerer Hitze 10 Minuten garen, wobei die Brühe einkocht.

Den Fisch auf eine leicht geölte Alufolie setzen und unter dem Grill im vorgeheizten Backofen 8–10 Minuten grillen, dabei einmal wenden.

Die Lachskoteletts portionsweise auf dem Fenchelgemüse anrichten und mit dem Zitronensaft beträufeln.

Als Beilage Baguette oder Salzkartoffeln und etwas flüssige Butter reichen.

Zitronenmakrelen

Die Fische vom Fischhändler küchenfertig vorbereiten lassen.

Fische 1 Stunde marinieren

4 Portionen

4 kleine Makrelen
4 EL Öl
2 Zitronen
Salz
frisch gemahlener weißer Pfeffer
2 Zwiebeln
1 Bund glatte Petersilie

Die Fische unter fließendem Wasser abspülen und mit Küchenpapier trockentupfen.

Das Öl mit der abgeriebenen Schale von 1 Zitrone, Salz und Pfeffer verrühren. Die Fische mit der Marinade übergießen und 1 Stunde ziehen lassen.

Die Zwiebeln schälen und in dünne Ringe schneiden.

Die Petersilie waschen, trockenschütteln und in den Bauch der Makrelen verteilen.

Die Makrelen mit den Zwiebelscheiben belegen und auf jeder Seite etwa 8 Minuten grillen.

Die zweite Zitrone in Scheiben schneiden. Die gegrillten Makrelen mit den Zitronenscheiben garnieren und sofort servieren.

Dazu passen Petersilienkartoffeln oder frisches Weißbrot und Salat.

Gegrillte Sardinen

Sardinen 4 Stunden marinieren

4 Portionen

- 1 kg Sardinen
- 2 Knoblauchzehen
- 1 Schalotte
- 6 EL Öl
- 1 TL provenzalische Kräuter
- 1 TL Paprikapulver Edelsüß
- 1 Messerspitze Cayennepfeffer
- Salz

Die Sardinen auf der Bauchseite aufschneiden, ausnehmen, unter fließendem Wasser waschen und trockentupfen.

Die Knoblauchzehen und die Schalotte abziehen und fein hacken.

Das Öl mit allen Gewürzen, dem Knoblauch und der Schalotte gründlich verrühren. Die Sardinen in eine Schale legen, mit der Ölmarinade begießen und zugedeckt 4 Stunden ziehen lassen, dabei mehrmals wenden.

Die Sardinen aus der Marinade heben, auf den Grill legen und bei mittlerer Hitze auf jeder Seite 1 bis 2 Minuten goldbraun grillen.

Dazu schmeckt Bruschetta.

Seelachsfilet in der Folie

4 Portionen

- 750 g Seelachsfilet
- 2 EL Weißweinessig
- Salz
- 1 Gewürzgurke
- 100 g Frühstücksspeck
- 1 Zwiebel
- 2 Bund Dill
- 1 TL Butter
- Öl zum Bestreichen

Für die Sauce:

- 500 g Tomaten
- 1 Zwiebel
- 2 Knoblauchzehen
- 1 EL Butter
- Salz
- frisch gemahlener Pfeffer
- 1 EL gehackte italienische Kräuter (z. B. Basilikum, Thymian, Oregano)

Den Fisch unter fließendem Wasser säubern, trockentupfen, mit Essig beträufeln und salzen. 10 Minuten marinieren und anschließend in 3 gleich große Teile schneiden.

Die Gewürzgurke und den Frühstücksspeck würfeln.

Die Zwiebel abziehen und fein hacken.

Den Dill waschen, trockenschütteln und hacken.

Die Butter in einer Pfanne zerlassen und 2/3 des Frühstücksspecks ausbraten. Die Zwiebel zugeben und glasig dünsten, dann den Dill untermischen. Vom Herd nehmen.

Ein ausreichend großes Stück Alufolie mit Öl bestreichen und ein Fischstück darauf legen. Die Gewürzgurke auf den Fisch geben und das nächste Stück Fisch darauflegen. Mit der Speck-Zwiebelmischung bestreichen und mit der dritten Fischscheibe bedecken. Den restlichen Frühstücksspeck darauf verteilen und die Folie über dem Fisch sorgfältig zusammenfalten.

Das Fischpaket auf den Grillrost legen und bei starker Hitze 35–40 Minuten grillen.

In der Zwischenzeit die Tomaten mit kochendem Wasser überbrühen, häuten, halbieren und mit einem Teelöffel die Kerne entfernen.

Die Zwiebel und die Knoblauchzehen abziehen und fein hacken.

Die Butter in einer Kasserolle zerlassen, Zwiebel und Knoblauch glasig dünsten und die Tomaten zufügen. Mit Salz und Pfeffer würzen und 15–20 Minuten bei kleiner Hitze dünsten. Zum Schluß die Kräuter unterrühren. Die Sauce nochmals mit Salz und Pfeffer abschmecken und getrennt zum Fisch reichen.

Gegrillte Goldbarschfilets

4 Portionen

4 Goldbarschfilets à 250 g
Salz
Zitronenpfeffer
Paprikapulver edelsüß
Kräuteröl zum Bestreichen
2 Knoblauchzehen

Die Fischfilets waschen, trockentupfen und mit Salz, Zitronenpfeffer und Paprikapulver würzen. Die Filets auf beiden Seiten mit Kräuteröl bestreichen.

Die Knoblauchzehen abziehen und halbieren. Eine große feuerfeste Form mit den Knoblauchzehen ausreiben und mit Kräuteröl fetten.

Die Fischfilets in die Form legen unter dem vorgeheizten Grill im Backofen 5–6 Minuten garen.

Mit gemischtem Salat und neuen Kartoffeln vom Blech servieren.

Fisch-Kebab

Lorbeerblätter über Nacht einweichen, Fisch 1 Stunde marinieren

4 Portionen

- 16 Lorbeerblätter
- 600 g festes Fischfilet, z. B. Thunfisch oder Schwertfisch
- Saft von 1 Zitrone
- 2 kleine Zucchini
- 8 grüne Oliven
- 4 schwarze Oliven
- Öl zum Bestreichen
- Salz
- frisch gemahlener weißer Pfeffer

Die Lorbeerblätter über Nacht in lauwarmes Wasser legen.

Das Fischfilet waschen, in mundgerechte Stücke schneiden, mit dem Zitronensaft beträufeln und 1 Stunde ziehen lassen.

Die Zucchini waschen, den Stielansatz entfernen und die Zucchini in fingerdicke Scheiben schneiden. Abwechselnd Fisch, Lorbeerblätter und Zucchini auf 4 Spieße stecken, zum Schluß jeweils 2 grüne und 1 schwarze Olive. Die Spieße mit Öl bestreichen, salzen und etwas Pfeffer darüber mahlen.

Die Fischspieße auf den sehr gut vorgeheizten, geölten Grillrost legen und 15 Minuten grillen, zwischendurch einmal wenden. Vorsicht: Wenn der Grillrost nicht sehr heiß und gefettet ist, klebt der Fisch.

Mit Zitronenhälften garnieren und Weißbrot dazu reichen.

Brochette Aquarius

4 Portionen

500 g Fischfilet, z. B. Goldbarsch
Saft von 1 Zitrone
2 Zwiebeln
100 g kleine Champignons
1 grüne Paprikaschote
4 Tomaten
1/4 TL Salz
1/2 TL Pfeffer
1/2 TL Paprikapulver edelsüß
2 EL Öl

Das Goldbarschfilet waschen, trockentupfen und mit dem Zitronensaft beträufeln. Den Fisch 5 Minuten marinieren und anschließend in mundgerechte Stücke schneiden.

Die Zwiebeln abziehen, die Champignons abreiben. Die Paprikaschote und die Tomaten waschen, die Schote halbieren und entkernen. Zwiebeln, Paprikaschote und Tomaten in große Stücke schneiden.

Salz, Pfeffer und Paprikapulver mit dem Öl gut verrühren.

Den Fisch abwechselnd mit dem Gemüse auf 4 Grillspieße stecken und mit dem Würzöl bestreichen. Auf dem Grill rundum etwa 15 Minuten grillen.

Dazu schmecken frisches Brot und Salat.

Kabeljaufiletspieße

4 Portionen

750 g Kabeljaufilet
Saft von 1 Zitrone
2 EL saure Sahne
2 EL Öl
Salz
frisch gemahlener weißer Pfeffer
Öl zum Bestreichen

Das Kabeljaufilet waschen, trockentupfen und in mundgerechte Stücke schneiden.

Den Zitronensaft mit der sauren Sahne, dem Öl, Salz und Pfeffer verrühren.

Die Fischstücke auf 4 Spieße stecken und gründlich mit der Sahne-Ölmischung bestreichen.

Den Grillrost gut mit Öl einfetten, damit der Fisch nicht kleben bleibt. Die Fischspieße bei mittlerer Hitze 8–10 Minuten grillen, dazwischen einmal wenden.

Mit Zitronenscheiben und Salat servieren.

Garnelenspieß

4 Portionen

20 rohe Garnelen
3 Knoblauchzehen
6 EL kaltgepreßtes Olivenöl
Salz
frischgemahlener schwarzer Pfeffer
etwas Cayennepfeffer
1 TL fein gerebelter Oregano
1/2 unbehandelte Zitrone

Die Garnelen vorsichtig waschen, sorgfältig wieder abtrocknen und die Schale an der Unterseite der Länge nach mit der Schere aufschneiden.

Knoblauchzehen abziehen und durch die Presse drücken, mit Olivenöl, Salz, schwarzem Pfeffer, Cayennepfeffer und Oregano verquirlen. Etwas abgeriebene Zitronenschale und Zitronensaft einrühren. Die Garnelen darin 3–4 Stunden marinieren.

Garnelen auf Spieße reihen, auf dem heißen Grill oder unter dem Grill im Backofen etwa 6 Minuten grillen, zwischendurch wenden.

Zu diesen würzigen Garnelen schmeckt Sauce Rouille.

Gegrillte Garnelen

4 Portionen

Je nach Größe 12–16 rohe Garnelenschwänze
2 Knoblauchzehen
je 1 Messerspitze Salz und Chilipulver
4 EL Öl

Die Garnelenschwänze vom Rücken her einschneiden und halbieren, ohne die Unterseite durchzuschneiden. Die Hälften aufklappen und den Darm entfernen.

Knoblauchzehen abziehen und sehr fein hacken oder pressen. Mit Salz, Chilipulver und Öl gründlich verrühren.

Die Garnelenschwänze auf ein Backblech legen und mit der Marinade bestreichen.

Den Infragrill im Backofen vorheizen und die Garnelen auf der zweiten Schiene von oben ca. 4 Minuten grillen. Zur Garprobe eine besonders fleischige Garnele anschneiden. Die Schwänze sollen gegart, aber nicht trocken sein.

Die Garnelen mit Zitronenspalten und Weißbrot als Vorspeise reichen.

Muschelspieße mit Pernod-Safransauce

4 Portionen

24–32 Miesmuscheln, je nach Größe
24–32 Scheiben Frühstücksspeck
1/4 l Weißwein
Öl
Für die Weißweinsauce:
25 g Butter
25 g Mehl
1/8 l Sahne
Salz
Pfeffer
1 g Safran
4 cl Pernod

Die Muscheln putzen. Den Weißwein mit ca. 1/2 l Wasser aufkochen und die Muscheln darin in 10 Minuten gar ziehen lassen.

Herausnehmen, ausbrechen und abkühlen lassen. Den Sud abseihen.

Den Backofen auf 225°C vorheizen.

Jede Muschel mit einer Scheibe Frühstücksspeck einwickeln und auf 8 Spieße stecken. Im Grill auf einer leicht eingeölten Alufolie 3 bis 4 Minuten leicht bräunen.

Für die Weißweinsauce die Butter in einem Topf zergehen lassen. Das Mehl einrühren, andünsten und mit 1/4 l Muschelsud und der Hälfte der Sahne ablöschen. Einmal aufkochen lassen.

Den Safran einrühren, mit Salz und Pfeffer würzen. Die restliche Sahne steif schlagen und unterziehen. Mit Pernod nach Geschmack abschmecken.

Dazu paßt gut Baguette und grüner Salat.

Miesmuscheln, gratiniert

2 Portionen

500 g Miesmuscheln
Sud:
1/4 l Weißwein
1 Lorbeerblatt
1 Kräutersträußchen aus
1 Zweig Thymian,
einige Petersilienstengel,
1 Zweig Estragon und
etwas Kerbel
1 Zwiebel, abgezogen
Pfefferkörner
Salz
Füllung:
100 g Semmelbrösel
75 ml Weißwein
1 Knoblauchzehe
25 g weiche Butter
1/2 Bund Petersilie, gehackt
25 g Pinienkerne oder
Mandelstifte
Salz
Pfeffer

Die Muscheln sorgfältig unter fließendem kaltem Wasser bürsten und abkratzen. Die Bärte entfernen.

Alle Zutaten für den Sud aufkochen, die Muscheln darin zugedeckt 5 bis 6 Minuten bei mittlerer Hitze garen. Mehrmals rütteln.

Dann die Muscheln auseinanderbrechen und die Schalenhälften mit dem Fleisch auf eine feuerfeste Platte legen.

Semmelbrösel in Weißwein einweichen.

Die Knoblauchzehe abziehen, fein hacken und mit der Butter schaumig schlagen.

Petersilie, Semmelbrösel und Pinienkerne zugeben, mit Salz und Pfeffer abschmecken.

Die Muscheln mit der Masse bestreichen und im vorgeheizten Backofen unter dem Grill gratinieren.

Vongole veraci, pikant gegrillt

Fast alle Muscheln können gefüllt werden. Wichtig ist lediglich, die Muscheln nur knapp vorzugaren und nur gerade so lange zu gratinieren, bis die Füllung bräunt, sonst wird das Muschelfleisch trocken und hart.

4 Portionen

1 kg Muscheln, Vongole veraci
3 EL Öl
grobes Salz für das Salzbett
Pesto-Buttermischung:
125 g Butter
2 Bund frisches Basilikum
2 Knoblauchzehen
30 g Pinienkerne oder
gehackte Walnüsse
Salz
Pfeffer
40 g Parmesankäse

Die Muscheln unter fließendem Wasser gut bürsten. Unebenheiten mit einem kleinen scharfen Messer abkratzen. Abtrocknen.

In einer Edelstahlpfanne mit hohem Rand das Öl sehr heiß werden lassen, die Muscheln portionsweise zugeben und einige Sekunden bei geschlossenem Deckel sautieren. Dabei die Pfanne mehrmals rütteln. Nicht zuviel Muscheln auf einmal in die Pfanne geben.

Die Muscheln herausheben, das Fleisch herauslösen und wieder jeweils in die Schalenhälften legen.

Zum Überbacken in ein Salzbett legen, damit die Muschelschalen gleichmäßig flach liegen.

Zubereitung der Pesto-Buttermischung: In einer kleinen Schüssel die Butter bei Zimmertemperatur weich werden lassen.

Das Basilikum waschen, trocknen, abzupfen.

Den Knoblauch abziehen, mit den Pinienkernen und dem Basilikum zerstoßen. Salzen und pfeffern.

Den Käse zuletzt zugeben und alles unter die Butter mischen, bis eine cremige Masse entsteht.

Die Muscheln mit der Pesto-Mischung überziehen, 3 bis 4 Minuten unter dem Grill überbacken.

Coquilles St. Jacques

2 Portionen

500 g Jakobsmuscheln in der Schale oder
250 g tiefgefrorenes Muschelfleisch
Sud:
1/8 l Weißwein
1 Kräutersträußchen aus
1 Zweig Thymian,
einigen Petersilienstengeln,
1 Zweig Estragon und
etwas Kerbel
Pfefferkörner
Salz
Sauce Hollandaise:
2 Eigelb
1 TL Zitronensaft
1 TL Wasser
75 g Butter
Salz
weißer Pfeffer
1/2 Bund Petersilie

Die Muscheln unter fließendem kalten Wasser gut bürsten.

Muscheln, die bereits vor dem Kochen offen sind, dürfen nicht verwendet werden.

Die Muscheln roh aus den Schalen lösen oder tiefgefrorenes Muschelfleisch antauen lassen.

Alle Zutaten für den Sud aufkochen, die Muscheln darin einige Sekunden zugedeckt pochieren.

Die Muscheln aus dem Sud heben, abtropfen lassen und wieder jeweils in eine Schalenhälfte legen oder das Muschelfleisch in Serviermuscheln füllen.

Eine Sauce Hollandaise herstellen. Dafür Eigelb, Zitronensaft und Wasser verquirlen. Die Butter zerlassen und nach und nach unterschlagen. Mit Salz und Pfeffer würzen. Die Muscheln damit überziehen.

Im vorgeheizten Backofen unter dem Grill 3 bis 4 Minuten gratinieren.

Petersilie waschen, hacken und darüberstreuen.

Hummer Thermidor

4 Portionen

2 gekochte TK-Hummer à 600 g
8 cl Cognac
1 Schalotte
1 EL Butter
1 gehäufter EL Mehl
1/8 l Fischfond aus dem Glas
1 TL scharfer Senf
Salz
Cayennepfeffer
125 g Schlagsahne
40 g geriebener Emmentaler

Die tiefgekühlten Hummer auftauen und der Länge nach halbieren. Aus den Körperhälften Magen und Darm entfernen. Das Hummerfleisch aus dem Körper und den Scheren auslösen und in Scheiben schneiden oder würfeln. Das Fleisch in eine Schüssel legen, mit dem Cognac beträufeln und 15 Minuten ziehen lassen.

Inzwischen die Schalotte abziehen und fein hacken.

In einer Kasserolle die Butter zerlassen und die Schalotte glasig dünsten. Das Mehl einrühren und goldgelb anschwitzen. Den Fischfond unter Rühren angießen und 10 Minuten köcheln lassen. Die Sauce mit Senf, Salz und Cayennepfeffer abschmecken und vom Herd nehmen.

Die Schlagsahne halbsteif schlagen. Die Sahne in die Sauce einrühren und das Hummerfleisch untermischen. Die Hummerschalenhälften damit füllen und nebeneinander in eine feuerfeste Form setzen. Mit dem Emmentaler bestreuen und unter dem vorgeheizten Grill goldbraun gratinieren.

Zum Hummer Thermidor passen Reis und Zuckererbsenschoten.

Marinaden

Grillmarinade

4 Portionen

2 Knoblauchzehen
1 Schalotte
6 EL Öl
3 EL Tomatenketchup
1 TL Majoran
1 TL Kräuter der Provence
1 TL Thymian
1 TL Paprikapulver edelsüß
1 EL grüner Pfeffer
1 Messerspitze Cayenne-pfeffer
Salz

Die Knoblauchzehen und die Schalotte abziehen und fein hacken.

Das Öl mit allen Gewürzen, dem Knoblauch und der Schalotte gründlich verrühren und das Grillgut (z. B. Koteletts, Steaks oder Schnitzel) einige Stunden darin marinieren.

Während des Grillens das Fleisch mehrmals mit der Marinade bestreichen.

Kräuter-Pfefferöl

2 Wochen ziehen lassen

für 1 l Öl

1 großer Stengel Salbei	
1 großer Stengel Zitronenmelisse	
1 EL schwarze Pfefferkörner	
1 EL weiße Pfefferkörner	
1 l Maiskeimöl	

Salbei und Zitronenmelisse waschen, trockenschütteln und mit den Pfefferkörnern in eine Glasflasche geben.

Das Maiskeimöl angießen, die Flasche verschließen und das Öl 2 Wochen durchziehen lassen.

Das Kräuteröl abseihen und wieder in die Flasche gießen.

Knoblauch-Öl

2 Wochen ziehen lassen

für 1 l Öl

8 Knoblauchzehen
1 rote frische Pfefferschote
1 grüne frische Pfefferschote
1 rote Paprikaschote
1 l Sonnenblumenöl

Die Knoblauchzehen abziehen.

Die Pfefferschoten und die Paprikaschote waschen, die Paprikaschote halbieren und entkernen. Pfefferschoten in Ringe, Paprika in Streifen schneiden.

Alles in eine Glasflasche geben und mit dem Sonnenblumenöl aufgießen. Die Flasche verschließen und das Öl 2 Wochen durchziehen lassen.

Das Knoblauchöl abseihen und anschließend wieder in die Flasche gießen.

Soja-Marinade

Diese Marinade eignet sich besonders gut zum Würzen von Fleisch- oder Fischspießen

4 Portionen

1/4 TL Senfkörner
6 EL Öl
4 EL Sojasauce
1/2 TL grob geschroteter Pfeffer
1 TL Paprikapulver edelsüß
1 TL Knoblauchpulver

Die Senfkörner im Mörser zerstampfen und mit 1 Eßlöffel Öl zu einer Paste verarbeiten.

Das restliche Öl, die Sojasauce, Pfeffer, Paprika- und Knoblauchpulver mit der Paste verrühren.

Saucen und Chutneys

Würziges Kürbis-Chutney

4 Wochen ziehen lassen

250 g Zwiebeln
750 g Kürbis
1 EL Salz
500 g Tomaten
250 g Äpfel
1/8 l Zitronenessig
200 g Kandiszucker
100 g Honig
1 TL Senfkörner
1 Messerspitze gemahlene Nelken
1 Stange Zimt
1/2 TL Anis
1/2 TL Ingwerpulver
1/2 TL Tabasco

Die Zwiebeln abziehen und hacken. Den Kürbis schälen, entkernen und in Stücke schneiden. Zwiebeln und Kürbis in eine Schüssel geben, salzen und über Nacht ziehen lassen. Dann auf ein Sieb geben und kalt abspülen.

Die Tomaten mit kochendem Wasser überbrühen, häuten, vierteln, entkernen und in Würfel schneiden.

Die Äpfel schälen, vierteln, entkernen und in Spalten schneiden.

Den Essig erhitzen und den Kandiszucker sowie den Honig darin auflösen. Mit dem Gemüse, den Früchten und den Gewürzen etwa 15 Minuten kochen lassen.

Den Chutney heiß in dichtschließende Gläser füllen, sofort verschließen und 4 Wochen an einem kühlen, dunklen Ort ruhen lassen.

Pfeffriges Paprika-Chutney

4 Wochen ziehen lassen

- 100 g Zwiebeln
- 2 rote Paprikaschoten
- 2 grüne Paprikaschoten
- 1 frische Pfefferschote
- 1 EL Salz
- 250 g Äpfel
- 150 g Tomaten
- 1/8 l Kräuteressig
- 300 g Kandiszucker
- 2 TL Senf
- 1/2 TL Senfpulver
- 1/2 TL Kurkuma
- 1 TL Paprikapulver edelsüß
- 1 TL Curry
- 1 Messerspitze Cayennepfeffer
- 1 EL Chilisauce (Fertigprodukt)
- 2 Knoblauchzehen

Die Zwiebeln abziehen und hacken.

Die Paprikaschoten und die Pfefferschote waschen. Paprikaschoten halbieren und entkernen. Die Paprika in Stücke schneiden, die Pfefferschote sehr fein hacken. Mit den Zwiebeln in eine Schüssel geben, mit Salz bestreuen und über Nacht ziehen lassen. Dann auf ein Sieb geben und kalt abspülen.

Die Äpfel schälen, entkernen und in Spalten schneiden.

Die Tomaten mit kochendem Wasser überbrühen, häuten, vierteln, entkernen und in Würfel schneiden.

Den Essig erhitzen und den Kandiszucker darin auflösen. Mit dem Gemüse, den Früchten und den Gewürzen zum Kochen bringen.

Die Knoblauchzehen abziehen und fein hacken. Zu dem Chutney geben und alles etwa 10 Minuten kochen lassen. Heiß in dichtschließende Gläser füllen und 4 Wochen an einem kühlen, dunklen Ort ruhen lassen.

Walnuß-Pflaumenchutney

4 Wochen ziehen lassen

- 1 kg Pflaumen
- 300 g Zwiebeln
- 1/8 l Weinessig
- 300 g Kandiszucker
- 1 ungespritzte Orange
- 200 g Rosinen
- 1 TL Salz
- 100 g eingelegter, gehackter Ingwer aus dem Glas
- 1 TL Senfkörner
- 1/2 TL Senfpulver
- 1 Messerspitze Cayennepfeffer
- 1 Messerspitze Kardamompulver
- 1 TL Chilisauce (Fertigprodukt)
- 100 g gehackte Walnußkerne

Die Pflaumen waschen, halbieren, entkernen und in Spalten schneiden.

Die Zwiebeln abziehen und in Scheiben schneiden.

Den Essig erhitzen und den Kandiszucker darin auflösen.

Die Orange heiß abspülen, die Schale fein abreiben und den Saft auspressen.

Die Rosinen waschen und abtropfen lassen.

Alle Zutaten zum Essigsud geben und etwa 15 Minuten kochen lassen. Heiß in dichtschließende Gläser füllen, sofort verschließen und 4 Wochen an einem kühlen, dunklen Ort ruhen lassen.

Mango-Chutney

Wie wir den Salat, so bereiten indische Hausfrauen täglich ein frisches Chutney zu. Die Chilischoten geben der Sauce die Schärfe. Wer es milder mag, nimmt statt dessen nur 1 Messerspitze Cayennepfeffer. Reste halten sich im Kühlschrank 2 bis 3 Tage.

150 g Sultaninen
2 feste Mangos
1 Paprikaschote
3 frische rote Chilischoten
1 kirschgroßes Stück frischer Ingwer
2 Knoblauchzehen
1 Handvoll Korianderblätter oder glatte Petersilie
1 TL Salz
1/8 l Zitronensaft

Die Sultaninen in einer Schüssel, mit lauwarmem Wasser bedeckt, einweichen.

Mangos schälen, vom Kern schneiden und würfeln. Die Paprikaschote halbieren, entkernen und Trennhäute entfernen. Paprikahälften in Quadrate schneiden.

Chilischoten entkernen, in Streifen schneiden. Ingwer schälen, in dünne Scheiben schneiden. Knoblauch abziehen, grob hacken.

Die Sultaninen in einem Sieb abtropfen lassen. Zusammen mit den vorbereiteten Zutaten und den Korianderblättern fein hacken, bis alles klein und gut vermischt ist.

Das Salz darüberstreuen und nochmals gründlich durchhacken. Dann in einer Schüssel mit dem Zitronensaft verrühren.

Schmeckt zu Rind, Schwein, Lamm, zu Geflügel, gebratenem Fisch und zur kalten Platte.

Variation:
Statt Mangos unreife Papayas, statt Knoblauch Zwiebeln verwenden. Tomaten oder feingehackte frische Kokosnuß untermischen.

Tip:
Mango-Chutney paßt zu Kurzgebratenem und gegrilltem Fleisch aller Art.

Indisches Chutney

ca. 6 Gläser

- 500 g saure Äpfel
- 500 g frische Aprikosen
- 500 g Zucchini oder Kürbis
- 300 g Zwiebeln
- 100 g Schalotten
- 1 scharfe rote Chilischote
- 3 Knoblauchzehen
- 3/8 l Obstessig
- 450 g brauner Kandis
- 1 TL Salz
- 1 EL frisch geriebene Ingwerwurzel
- 1 TL Paprika, edelsüß
- je 1/2 TL gemahlene Nelken und Kardamom
- 1 Zimtstange

Die Äpfel schälen, vierteln, entkernen und in dünne Scheiben schneiden. Die Aprikosen waschen, entsteinen und zerschneiden. Zucchini schälen und in kleine Würfel schneiden. Zwiebeln und Knoblauchzehen abziehen und fein hacken. Die Chilischote waschen, aufschneiden, die Kerne entfernen und fein hacken.

Alles in einen hohen Topf mit dickem Boden geben.

Essig, Kandis und Gewürze zugeben. Aufkochen und ca. 2 Stunden im offenen Topf auf kleiner Hitze köcheln lassen. Zwischendurch umrühren.

Das Chutney ist fertig, wenn es dick genug ist und nicht mehr vom Löffel fließt.

Chutney kochendheiß randvoll in Gläser füllen und sofort verschließen.

Sauce Rouille

3–4 Portionen

2 rote Paprikaschoten
2 Knoblauchzehen
2 kleine, rote Pfefferschoten
1 Scheibe Toastbrot
etwas Fischbrühe oder Fleischbrühe
4 EL Olivenöl
eventuell etwas Tomatenmark zum Färben

Die Paprikaschoten halbieren, entkernen und Trennhäute entfernen. Paprikahälften in dem auf 200°C vorgeheizten Backofen rösten, bis sich die Haut in Blasen abhebt. Schoten kurz in ein kaltes, feuchtes Tuch wickeln und die Haut abziehen. Die Hälften in etwa 1/2 cm große Würfel schneiden.

Knoblauch abziehen, Pfefferschoten waschen, entkernen und hacken. Beides im Mörser fein zerstoßen.

Das Toastbrot entrinden und kurz in etwas Fischbrühe einweichen. Zusammen mit den Paprikawürfeln in die Sauce einarbeiten.

Das Ganze zu einer glatten Paste stoßen und mit dem Olivenöl verrühren. Eßlöffelweise von der Fischbrühe zugeben, bis eine dickflüssige Sauce entsteht.

Falls die Paprikaschoten nicht genügend rot färben, kann man noch etwas Tomatenmark einrühren.

Klassisch wird diese Sauce zur französischen Fischsuppe „Bouillabaisse“ gereicht. Sie schmeckt auch zu vielen anderen Gerichten, zum Beispiel zu gegrillten Scampi.

Guacamole

2 Portionen

1 Tomate
1/2 Zwiebel
1 frische kleine Chilischote
5 Zweige Korianderblätter oder glatte Petersilie
1 reife Avocado
1 kleine Limette
Salz
frisch gemahlener schwarzer Pfeffer
1 Prise Zucker

Die Tomate kreuzweise einritzen, kurz in kochendes Wasser legen und schälen. Dann halbieren, die Kerne entfernen und fein hacken. Zwiebel schälen und fein würfeln. Die Chilischote entkernen und fein hacken. Korianderblättchen waschen, trockenschütteln, von den Stielen zupfen und fein hacken.

Die Avocado schälen, halbieren, Kern entfernen. Die Limette halbieren, auspressen. In einer Schüssel die Avocado mit dem Limettensaft übergießen und mit einer Gabel zerdrücken. Die übrigen feingehackten Zutaten, Salz, Pfeffer und Zucker einrühren und abschmecken.

Wird die Sauce nicht sofort serviert, deckt man sie mit Klarsichtfolie ab, damit die Sauce nicht anläuft.

Kalte grüne Sauce

Die Zutaten können zwischen 3 und 30 schwanken. Unbedingt notwendig sind mindestens ein grünes Küchenkraut, Fett und Gewürz. Außerdem wichtig: der Mörser! Eilige können diese Sauce natürlich auch im Mixer pürieren.

4 Portionen

1 Knoblauchzehe
Salz
je 1 Bund glatte Petersilie, Schnittlauch, Basilikum oder Dill
je 1 Zweig andere Gartenkräuter wie Thymian, Minze, Zitronenmelisse, Majoran, Salbei oder Rosmarin
1 Schalotte
8 EL Olivenöl
Saft von 1/2 Zitrone
frisch gemahlener weißer Pfeffer

Die Knoblauchzehe abziehen, vierteln und im Mörser mit einer Prise Salz zerstoßen.

Die Kräuter waschen, trockenschütteln, verlesen und fein hacken. Mit einigen Tropfen Öl im Mörser stoßen.

Die Schalotte abziehen und fein hacken, samt dem Zitronensaft in den Mörser geben und die Mischung noch einmal leicht stoßen.

Dann das restliche Olivenöl einrühren, 2 bis 3 Eßlöffel Wasser zugeben und die Sauce mit Salz und Pfeffer abschmecken.

Grüne Sauce zugedeckt mindestens 1 Stunde ziehen lassen, damit die Kräuter quellen.

Variation:
Mit den Knoblauchzehen einige gewässerte Sardellenfilets zerstoßen. Außer den Kräutern auch gehackte Kapern zugeben oder etwas grüne Paprikaschote. Mit mildem Essig, frischen Chilischoten oder mit Senf können verschiedene Geschmacksvarianten erreicht werden.

Cremig wird die Sauce, wenn man 2 Eigelb mit den Kräutern verrührt und dann erst das Öl dazugibt.

Wenn statt Öl Crème fraîche oder Crème double verwendet wird, kann man auch alle Zutaten im Mixer pürieren. Dies ergibt eine flüssige, schaumige Sauce.

Chimichurri

Die Sauce 1 Woche im voraus zubereiten.

- 4 getrocknete Chilischoten
- 5 Knoblauchzehen
- 1 große Zwiebel
- 2 Bund Petersilie
- 1 TL Meersalz
- 2 EL Essig
- 2 EL Öl

Die Chilischoten im Mörser zerstoßen. Knoblauch und Zwiebeln schälen und fein hacken. Die Petersilie waschen, trockenschütteln und ebenfalls hacken. Alles mit Salz in eine Schüssel geben.

Den Essig mit 3 Eßlöffeln Wasser aufkochen und sofort über die gehackten Zutaten gießen.

Unter Rühren das Öl einlaufen lassen. Die Sauce in einem Schraubglas oder einer Flasche fest verschlossen 1 Woche ziehen lassen.

Eine sehr scharfe Sauce aus Argentinien. Sie paßt eigentlich zu allem Gegrillten. Im Kühlschrank ist sie mehrere Wochen haltbar.

Grillsauce für Fleisch und Geflügel

Für eine große Grillparty eignet sich diese Sauce hervorragend, aber auch für Spareribs, im Backofen gegrillt. Das Grillgut vor dem Grillen mit der Sauce rundherum einstreichen und evtl. während des Grillens wiederholen. Sie schmeckt auch pur als Sauce zum fertig Gegrillten.

In einem Schraubglas im Kühlschrank aufbewahrt, hält sich diese Sauce viele Wochen.

- 200 g Tomatenmark
- 150 g Tomatenketchup
- 50 g scharfer Senf
- 250 g heller Honig
- 5 TL provenzalische Gewürzmischung
- 1 TL Sambal Oelek
- 1 TL Salz
- frisch gemahlener Pfeffer
- 1 EL Essig
- 1 EL Sojasauce
- 4 Knoblauchzehen
- 1/4 l Öl
- 2 EL Kapern

Tomatenmark, -ketchup und Senf in einer Schüssel mischen und den Honig nach und nach einrühren. Die Gewürzmischung, Sambal Oelek, Salz, Pfeffer, Essig und Sojasauce unterrühren.

Den Knoblauch abziehen und fein hacken oder durch die Presse drücken, zur Sauce geben. Dann das Öl nach und nach gründlich unterziehen. Die Kapern grob hacken, zur Sauce geben und abschmecken.

Tomatenmarmelade

ca. 3 Liter Sauce

- 2 kg reife Tomaten
- 400 g Zwiebeln
- 600 g rote Paprikaschoten
- 3 scharfe rote Chilischoten
- 1 kg Äpfel
- 250 g Zucker
- 400 ml Weinessig
- 4 EL Salz
- 2 TL gemahlene Gewürznelken
- 2 TL Zimt
- 4 TL geriebene Muskatnuß
- 2 TL Paprika, edelsüß

Die Tomaten überbrühen, häuten und grob hacken. Die Zwiebeln abziehen und fein würfeln. Die Paprikaschoten waschen, aufschneiden, entkernen und in kleine Stücke schneiden. Die Chilischoten putzen, der Länge nach aufschlitzen, die Kerne sorgfältig entfernen und die Schote fein hacken. Die Äpfel schälen, entkernen und in Scheiben schneiden.

Alle Zutaten bis einschließlich Weinessig in einem großen Topf zugedeckt 1 Stunde köcheln lassen. Während der Kochzeit ab und zu umrühren, damit nichts anbrennt.

Die Gewürze zugeben, abschmecken und eventuell nachwürzen. Im offenen Topf 15 Minuten einkochen lassen. Dann pürieren.

Die Sauce heiß in gut ausgespülte, trockene Flaschen füllen. Die Flaschen sofort fest verschließen und an einem dunklen und kühlen Ort stehen lassen.

Die Sauce paßt gut zu gegrilltem Schweinefleisch und Wild.

Tomaten-Ketchup

2 kg reife Tomaten
250 g Zwiebeln
1 EL Salz
100 g Zucker
4 EL Weinessig
1 TL frisch gemahlener weißer Pfeffer
1 TL Senfpulver
1/2 TL Ingwerpulver
1/2 TL Pimentpulver

Die Tomaten waschen, den Stielansatz entfernen und die Tomaten in Stücke schneiden.

Die Zwiebeln abziehen und fein hacken.

Alle Zutaten mit den Zwiebel- und Tomatenstückchen in einen hohen Topf mit dickem Boden geben und ca. 45 Minuten köcheln lassen.

Die Masse durch ein Sieb streichen. Das Tomatenmark zurück in den Topf geben und kochen lassen, bis es dicklich ist.

Mit den Gewürzen abschmecken und in Flaschen mit weitem Hals füllen. Sofort heiß verschließen.

Tip:
Tomaten-Ketchup mit Curry oder mit Tabasco kräftig würzen.

Peperonata

Peperonata soll musig sein. Sie schmeckt kalt zu Fleisch und Fisch. Fest verschlossen hält sie sich etwa 1 Woche. Sie können sie aber auch einfrieren – bereiten Sie also gleich eine größere Menge zu.

4 Portionen

500 g Zwiebeln
4 Knoblauchzehen
4 rote Chilischoten
2 kg feste, rote Paprikaschoten
1 kg Fleischtomaten
1/8 l Olivenöl
6 Lorbeerblätter
Salz
frisch gemahlener schwarzer Pfeffer
4 EL Tomatenmark

Die Zwiebeln abziehen und würfeln, den Knoblauch durch die Presse drücken. Chilischoten putzen, aufschlitzen und die kleinen Kerne sorgfältig entfernen, die Schoten klein würfeln. Paprikaschoten putzen, waschen und in gleichmäßige Stücke schneiden. Die Tomaten brühen, häuten, entkernen und grob hacken.

Das Öl erhitzen, Zwiebeln, Knoblauch, Chili und die Lorbeerblätter darin unter Rühren anschwitzen.

Paprika einrühren, salzen und pfeffern und etwa 5 Minuten unter Wenden braten.

Die Tomaten zugeben und das Tomatenmark einrühren, dann zugedeckt bei milder Hitze etwa 30 Minuten schmoren. Pikant abschmecken.

Kurz vor Ende der Garzeit können Kräuter wie Thymian, Oregano oder Basilikum zugegeben werden.

Mayonaise, eine glückliche Verbindung

Ei und Öl schaumig schlagen und nach Belieben würzen, das ist kreativ und lohnend, geht schnell, gelingt immer – wenn man's richtig macht – und schmeckt tausendmal besser als jede gekaufte Mayonnaise.

Mayonnaise, Grundrezept

4 Portionen

2 Eigelb
1 Prise Salz
frisch gemahlener weißer Pfeffer
300 ml Olivenöl
1–2 TL Zitronensaft oder Weinessig

Eigelb in einer Schüssel mit Salz und Pfeffer würzen und schlagen, bis das Eigelb heller wird. Dazu entweder den Schneebesen oder das elektrische Handrührgerät nehmen (niedrige Geschwindigkeit).

Das Öl unter ständigem Schlagen tropfenweise zugeben. Wenn die Sauce einzudicken beginnt, das übrige Öl in dünnem Strahl einarbeiten.

Dann mit Zitronensaft oder Essig verrühren. Falls die Mayonnaise steifer gewünscht wird, noch etwas Öl zugeben. Gerät sie zu fest, mit 1 bis 2 Teelöffeln

Zitronensaft oder lauwarmem Wasser verdünnen. Zitronensaft macht die Mayonnaise heller!

Die fertige Mayonnaise abschmecken.

Anmerkung:
Je nachdem, wozu die Mayonnaise gegessen wird, kann die Grundmenge auch für 6 Portionen reichen.

So gelingt sie

Eier und Öl müssen Zimmertemperatur haben.

Ein Eigelb nimmt maximal 200 ml Öl auf. Je weniger Öl, desto flüssiger bleibt die Mayonnaise.

Zu Beginn das Öl nur tropfenweise unterrühren.

Gerinnt die Mayonnaise, war das Öl zu kalt oder wurde zu schnell zugegeben.

Zur Rettung: 1 frisches Eigelb in einer Schüssel verrühren und die geronnene Mayonnaise nach und nach, wie beim Öl beschrieben, einarbeiten.

Schnell gemixt

Zur Herstellung von Mayonnaise im Mixgerät (Schneideeinsatz) verwendet man ganze Eier (Eigelb und Eiweiß). Im übrigen gelten dieselben Grundregeln wie für von Hand geschlagene Mayonnaise. Die im Mixer gerührte Sauce bleibt fast weiß und wird nur halbsteif.

4 Portionen

1 Ei
1 Messerspitze Salz
frisch gemahlener weißer Pfeffer
1 EL Zitronensaft
Weinessig
200 ml Olivenöl

Das Ei aufschlagen und in den Mixer geben. Salz und Pfeffer einstreuen, Zitronensaft oder Weinessig und 2 Eßlöffel Öl zugeben. Das Gerät für 2 bis 3 Sekunden auf höchster Geschwindigkeit laufen lassen, bis alle Zutaten cremig vermischt sind. Geschwindigkeit zurückschalten und das Öl in dünnem Strahl einlaufen lassen.

Die Mayonnaise ist fertig, wenn sie kein Öl mehr aufnehmen kann und sich in der Mitte ein kleiner Ölfleck bildet. Dann das Gerät ausschalten, die Mayonnaise von Hand durchmischen und abschmecken.

Tip:
Eine mißlungene Mayonnaise im Mixer läßt sich durch Zugabe von 1 bis 2 Eßlöffeln heißem Wasser retten oder durch ein zerdrücktes, gekochtes Eigelb, das man kurz mit hoher Geschwindigkeit unter die Sauce rührt.

Aioli

4 Portionen

3–6 Knoblauchzehen, je nach Geschmack
300 ml Olivenöl
2 Eigelb
Salz
frisch gemahlener weißer Pfeffer
Zitronensaft

Die Knoblauchzehen abziehen, durch die Presse drücken und im Mörser mit einigen Tropfen Öl zu einer glatten Paste stampfen. 2 Eigelb dazugeben und das Öl mit einem Schneebesen erst tropfenweise, dann in dünnem Strahl einarbeiten.

Mit Salz, Pfeffer und Zitronensaft abschmecken.

Die Knoblauchmayonnaise paßt gut zu Fisch und Meeresfrüchten und zu gegrilltem Fleisch.

Falsche Mayonnaise mit Senf

2 Portionen

2 Eier
1/2 TL scharfer Senf
Salz
frisch gemahlener schwarzer Pfeffer
100 ml Öl
einige Tropfen Zitronensaft
1 EL Balsamico-Essig

Die Eier in etwa 10 Minuten hart kochen, abschrecken, pellen und mit einem Löffel das Eigelb herausnehmen. Durch ein Sieb streichen und mit Senf, Salz und Pfeffer mischen oder das Eigelb im Mörser mit Senf und Gewürzen stoßen.

In einer kleinen Schüssel mit dem Schneebesen nach und nach das Öl unterschlagen.

Mit Zitronensaft und Essig abschmecken.

Sauce gribiche

4 Portionen

4 Eier
1 Eigelb
1 TL grober Senf
1 EL Zitronensaft
300 ml Öl
1 Bund Petersilie
1 Zweig Salbei
1/2 Bund Schnittlauch
50 g Cornichons
1 EL Kapern

Die 4 Eier in 10 Minuten hart kochen. Dann in kaltem Wasser abschrecken, schälen.

Die Eier halbieren, das Eigelb mit einem Löffel herauslösen.

Zusammen mit dem rohen Eigelb in einen Mörser oder eine kleine Schüssel geben. Mit dem Senf zu einer glatten Paste verarbeiten.

Den Zitronensaft dazugeben, das Öl unter kräftigem Schlagen langsam hineinträufeln.

Die Kräuter waschen und trockenschütteln. Die Petersilie und den Salbei hacken. Den Schnittlauch in Röllchen schneiden.

Die Cornichons und die Kapern kleinhacken. Das gekochte Eiweiß von 2 Eiern fein schneiden.

Kräuter, Cornichons, Kapern und Eiweiß unter die Mayonnaise heben.

Sauce gribiche paßt zu Kalb- oder Geflügelfleisch und zu Fisch.

Remoulade

4–8 Portionen

1 große Zwiebel
2 EL Kapern
50 g Cornichons
1 Grundrezept Mayonnaise, etwa 350 g
1 Bund Dill
1 EL eingelegte grüne Pfefferkörner
1 EL scharfer Senf
Salz

Die Zwiebel abziehen und sehr fein würfeln. Die Kapern mit einem großen Messer fein hacken. Die Cornichons in Streifen und dann in kleine Würfel schneiden.

Zwiebel, Kapern und Cornichons unter die Mayonnaise rühren.

Den Dill waschen, von den dicken Stielen zupfen und fein hacken. Die Pfefferkörner in einem Mörser leicht zerstoßen. Zusammen mit dem Dill zur Mayonnaise geben.

Mit Senf und wenig Salz kräftig abschmecken.

Ei-Meerrettich-creme

4 Portionen

2 hartgekochte Eier
200 g Meerrettichwurzel
etwas Zitronensaft
1/2 Bund Petersilie
200 g Crème fraîche
1 Prise Zucker
1/2 TL Ingwerpulver
Salz

Die Eier pellen und grob hacken. Den Meerrettich waschen, schälen und reiben. Mit Zitronensaft beträufeln. Die Crème fraîche mit allen Zutaten vermengen und abschmecken.

Diese Creme paßt gut zu pochiertem Fisch oder zu gekochtem Fleisch.

Apfelkren

Kren ist das österreichische Wort für Meerrettich. Der Apfelkren wird traditionell zu Tafelspitz gereicht, paßt aber beispielsweise auch zu Bratwürsten.

4 Portionen

2 EL doppelte Kraftbrühe
3 EL fein geriebener Meerrettich
3 EL Öl
1 EL Essig
1 TL Zucker
Salz
1 großer säuerlicher Apfel

Die Kraftbrühe mit dem Meerrettich in einem kleinen Topf unter Rühren erhitzen, aber nicht kochen. Beiseite stellen und erkalten lassen.

Das Öl tropfenweise unterrühren, bis eine dicke Sauce entsteht. Mit Essig, Zucker und Salz abschmecken.

Kurz vor dem Servieren den Apfel schälen, vierteln und entkernen. Die Viertel fein reiben, sofort unter die Meerrettichsauce mischen.

Artischocken-Knoblauchsauce

4 Portionen

1 Knoblauchzehe
1 kleine Dose
Artischockenherzen, 400 g
100 g Crème fraîche
2 Bund gemischte Kräuter, wie glatte Petersilie, Schnittlauch, Borretsch, Zitronenmelisse, Basilikum
2 EL Zitronensaft
Tabasco
Salz
frisch gemahlener weißer Pfeffer

Die Knoblauchzehe abziehen und mit den gut abgetropften Artischockenherzen im Mixer oder mit dem Schneidstab pürieren. Das Püree mit Crème fraîche verrühren.

Die Kräuter waschen, trockenschütteln und fein hacken, dann zufügen und die Sauce mit Zitronensaft, Tabasco, Salz und Pfeffer abschmecken.

Diese Sauce ist ein hervorragender Dip für Grilladen.

Cumberlandsauce

4 Portionen

4 EL rotes Johannisbeergelee
1 EL scharfer Senf
2 EL Portwein
4 EL Orangensaft
abgeriebene Schale von
1/2 unbehandelten Orange
Salz
je 1 Messerspitze Ingwerpulver und Cayennepfeffer
2–3 EL Olivenöl

Johannisbeergelee und Senf mit dem Schneebesen glattrühren. Portwein, Orangensaft und die Gewürze zufügen.

Zuletzt das Öl tropfenweise dazugeben und die Sauce abschmecken.

Die Sauce paßt zu gegrilltem Rind-, Wild- oder Lammfleisch.

Tip:
Beim Abreiben von Zitronen- oder Orangenschale die Reibe mit einem Stück Butterbrotpapier belegen. Das Abgeriebene läßt sich leicht vom Papier abstreifen und die Reibe bleibt sauber.

Honigsauce

4 Portionen

1 dünne Stange Lauch
1 Frühlingszwiebel
1 Knoblauchzehe
1 TL frisch geriebene Ingwerwurzel oder
1/2 EL Ingwerpulver
2–3 EL heller Honig
1 EL Tomatenketchup
200 ml Hühnerbrühe
1 TL Speisestärke
3 EL Sherry
Salz
1/2 TL frisch gemahlener schwarzer Pfeffer

Das weiße Ende vom Lauch säubern und sehr fein schneiden. Zwiebel und Knoblauch abziehen und sehr fein hacken.

Lauch, Zwiebel und Knoblauch in einen kleinen Topf geben. Ingwer, Honig, Tomatenketchup und Brühe zufügen und alles verrühren.

Die Sauce auf kleiner Hitze zum Kochen bringen und 5 Minuten köcheln lassen. Speisestärke in Sherry anrühren und die Sauce damit binden.

Die Sauce mit allen Gewürzen und Honig abschmecken.

Diese Sauce paßt sehr gut zu gegrilltem Geflügel oder Schweinefleisch.

Currysauce mit Banane

4 Portionen

1 kleine Zwiebel
20 g Butter
1 EL Currypulver
1 Banane
200 ml Hühnerbrühe
100 g Schlagsahne
Salz
frisch gemahlener weißer Pfeffer
2 EL Ananassirup

Die Zwiebel abziehen und fein hacken. Die Butter in einer Pfanne erhitzen und die Zwiebelwürfel darin andünsten. Das Currypulver kurz darin anschwitzen.

Die Banane in Scheiben schneiden und zufügen.

Die Hühnerbrühe angießen und 5 Minuten köcheln lassen.

Die Sauce im Mixer oder mit dem Schneidstab pürieren.

Die Sahne einrühren und einmal aufkochen lassen.

Die Sauce mit Salz, Pfeffer, dem Ananassirup und Curry abschmecken.

Currysauce mit Banane paßt gut zu gegrilltem Geflügel.

Statt mit Ananassirup kann auch mit Honig und Zitronensaft abgeschmeckt werden.

Würzbutter

Kräuterbutter

Vielseitig und allseits beliebt, jedoch selten selbst gemacht. Aber die kleine Mühe lohnt sich, da die Butter je nach den verwendeten Kräutern immer wieder anders schmeckt. Die Kräuterauswahl im folgenden Rezept ist nur ein Vorschlag. Komponieren Sie Ihre Kräuterbutter nach Saison und Geschmack. Es empfiehlt sich, eine größere Menge zuzubereiten und sie als Rolle oder portionsweise einzufrieren. Die Butter ist tiefgekühlt etwa 3 Monate haltbar. Zum Auftauen braucht eine Scheibe nur 5 bis 10 Minuten.

- 4 Zweige Thymian
- 2 Zweige Rosmarin
- 40 g Kerbel
- 10 Zweige Pimpernelle
- 5 Zweige Zitronenmelisse
- abgeriebene Schale von
- 1/2 unbehandelten Zitrone
- 250 g weiche Butter
- Salz

Die Thymianblättchen vom Stiel zupfen. Die Rosmarinnadeln abstreifen. Beides fein hacken, dann im Mörser leicht stoßen.

Den Kerbel waschen und verlesen. Pimpernelle und Zitronenmelisse waschen und die Blättchen zusammen mit dem Kerbel fein hacken.

Alle Kräuter mischen, 2 Eßlöffel beiseite stellen. Den Rest der Kräutermischung mit der Zitronenschale unter die weiche Butter kneten. Nach Belieben mit etwas Salz abschmecken. Gut 15 Minuten kühl stellen.

Dann mit Hilfe einer Folie zur Rolle formen. Die beiseite gelegten Kräuter gleichmäßig auf die Folie streuen. Die Butterrolle darin wälzen, leicht andrücken.

In Folie gewickelt einfrieren. Soll die Butter in Scheiben geschnitten werden, muß sie mindestens 30 Minuten gekühlt werden.

Tip:
Anstatt in Kräutern, kann die Rolle auch in grob gemahlenem schwarzem Pfeffer oder in Paprikapulver gewälzt werden.

Rote Gewürzbutter

2 EL Tomatenmark
1 TL Rosenpaprika
100 g weiche Butter
Salz
frisch gemahlener
weißer Pfeffer

Das Tomatenmark und das Paprikapulver mit einer Gabel unter die weiche Butter arbeiten, bis die Butter gleichmäßig gefärbt ist.

Mit Salz und Pfeffer würzen. Die Tomatenbutter 1 cm dick auf ein Blech oder Brett streichen, etwa 30 Minuten kühl stellen.

Dann mit einem Plätzchenausstecher Herzen ausstechen. Mit einem Messer oder einer Palette vom Blech lösen.

Variation: Gelbe Butter
Currypulver färbt die Butter gelb, paßt aber nicht zu jedem Gericht. Senf ist neutraler und daher vielseitiger einsetzbar. Auch Eigelb, frisch oder gekocht, ist zum Färben geeignet.

Vegetarische Butter

„Ahua quatl" heißt Butter vom Baum, und den Indios Mittelamerikas wird sie gleich „in Schale abgepackt" von der Natur geliefert. Gemeint ist die Avocado, die botanisch zum Obst gerechnet wird. Als vegetarische Butter wird sie wegen ihres hohen Fettgehalts bezeichnet, der immerhin 24 g von 100 g ausmacht.

4 Portionen

1 reife Avocado	
2 EL Zitronensaft	
1/2 Kästchen Kresse	
1 TL Currypulver	
Salz	
frisch gemahlener schwarzer Pfeffer	

Die Avocado längs halbieren, den Kern entfernen. Mit einem Löffel das Fruchtfleisch herauslösen. In eine Schüssel geben, mit einer Gabel zerdrücken, dabei nach und nach den Zitronensaft hineinträufeln.

Die Kresse abschneiden, zusammen mit dem Currypulver in die Avocadocreme rühren. Mit Salz und Pfeffer abschmecken.

Serviervorschlag (Bild): Auf Kräcker oder Pumpernickelkreise kleine Häufchen der Avocadobutter setzen. Mit Kresse bestreuen und mit Kirschtomaten dekorieren.

Tip:
Viele der Buttermischungen können auch mit Avocado zubereitet werden. Damit die Avocado nicht braun wird, immer etwas Zitronensaft zugeben. Vorsicht allerdings bei roten Pulvern und Pasten, denn Rot und Grün mischen sich zu einem wenig appetitlichen Braun.

Pesto-Butter

2 Bund frisches Basilikum
2 Knoblauchzehen
30 g Pinienkerne oder
gehackte Walnüsse
40 g Parmesankäse
60 g weiche Butter
Salz
frisch gemahlener
schwarzer Pfeffer

Basilikum waschen, trocknen, die Blättchen von den Stengeln zupfen und in den Mörser legen.

Die Knoblauchzehen abziehen, mit den Pinienkernen oder den Walnüssen zugeben und alles zu einer gleichmäßigen Paste stoßen. Dann erst den Käse zufügen.

Die Butter einarbeiten und so lange rühren, bis die Paste glatt und cremig ist. Mit Salz und Pfeffer abschmecken.

Tip:
Falls es kein frisches Basilikum gibt, können Sie auch frische Petersilie und Schnittlauch nehmen. Getrocknetes Basilikum eignet sich für diese Sauce nicht.

Nußbutter

Außer Gewürzen kann man der Butter auch pikante Zutaten untermischen. Am bekanntesten ist wohl die Sardellenbutter. Bunt und gut im Geschmack sind Zutaten wie Mixed Pickles, Gewürzgurken und Oliven. Die Zutaten müssen natürlich vorher fein gehackt werden. Apart ist Butter mit Nüssen, wie nachfolgend beschrieben.

50 g Walnußkerne
30 g Pistazienkerne
2 EL halbtrockener Sherry
250 g weiche Butter
1/2 TL gemahlener Koriander
Salz

Die Walnußkerne mit einem großen Messer hacken. In einer trockenen Pfanne unter Rühren etwa 3 Minuten anrösten, beiseite stellen.

Die Pistazienkerne ebenfalls hacken, zusammen mit den Walnüssen und dem Sherry im Mörser zerstoßen oder im Mixer einige Sekunden hacken.

Die Nußmischung und die Butter mit einer Gabel verrühren. Mit Koriander und Salz abschmecken.

Marinierte Gemüse

Eine raffinierte Beilage zu allem Gegrillten sind Gemüse, die nur kurz marinieren.

4 Portionen

1 Knoblauchzehe
3 Petersilienstengel
1 kleiner Thymianzweig
600 ml Hühnerbrühe
70 ml trockener Weißwein
70 ml Olivenöl
Saft von 1 Zitrone
1/2 TL Salz
6 Pfefferkörner
3 kleine Zwiebeln
300 g Zucchini
4 mittelgroße Möhren
je 1 grüne und
1 rote kleine Paprika
130 g Champignons

Den Knoblauch abziehen und fein hacken. Die Petersilienstengel waschen und kleinschneiden. Thymian waschen, trocknen und grob hacken. In einem Topf die Hühnerbrühe mit Weißwein, Olivenöl, Zitronensaft, Knoblauch, Petersilienstengeln, Thymian, Salz und Pfefferkörnern zur Marinade aufkochen und bei schwacher Hitze 10 Minuten köcheln lassen.

Inzwischen die Zwiebeln abziehen und in dicke Ringe schneiden. Die Zucchini und die Möhren putzen, waschen und der Länge nach in 2 cm dicke Scheiben schneiden. Die Paprikaschoten waschen, aufschlitzen, entkernen und in 1 cm breite Streifen schneiden. Die Champignons putzen.

Die Marinade durchseihen und wieder aufkochen. Die Zwiebeln einlegen und sie nach 20 Minuten Garzeit in eine große Schüssel legen. Dann die Möhren 15 Minuten garen und zu den Zwiebeln geben. Die Zucchini 10 Minuten garen, die Paprika und die Champignons nur 8 Minuten. Zucchini, Paprika und Pilze ebenfalls in die Schüssel geben.

Die Marinade nachwürzen und über das Gemüse gießen. Abkühlen lassen, dann mindestens 3 Stunden zugedeckt in den Kühlschrank stellen. Das Gemüse auf einer großen Platte anrichten, mit etwas Marinade befeuchten.

Marinierte Champignons

Mindestens 3 Tage im voraus zubereiten.

ca. 6 Portionen

500 g frische Champignons
1/3 l Weinessig (weiß oder rot)
1 Bund Dill
1 TL getrockneter Thymian
1 Lorbeerblatt
1 TL Salz
4 Knoblauchzehen
Olivenöl

Pilze putzen und abreiben. Die Stiele daranlassen, nur angetrocknete Stielenden abschneiden.

Essig, 2/3 l Wasser, Gewürze und Kräuter (außer dem Knoblauch) zum Kochen bringen. Die Champignons hineingeben und den Sud weiter aufkochen lassen.

Nach 5 Minuten vom Herd nehmen. Die Pilze weitere 20 Minuten im geschlossenen Topf ziehen lassen.

Den Sud abgießen, die Pilze im Sieb abtropfen und auskühlen lassen.

Den Knoblauch abziehen und jede Zehe in 3–4 Stifte schneiden. Ausgekühlte Pilze und Knoblauchstifte abwechselnd in ein sauberes Glas füllen.

Mit Öl aufgießen, bis alle Champignons bedeckt sind. Das Glas fest verschließen.

Nach einigen Tagen haben die Champignons schon ein wunderbares Aroma – sie halten sich so bis zu 4 Monaten. In einer Schüssel servieren.

Griechische Zwiebelchen

Mehrere Stunden im voraus oder am Vortag zubereiten.

6 Portionen

1 kg Frühlingszwiebeln
Für die Marinade:
300 ml Weißwein
200 ml Fleischbrühe
5 EL Öl
Saft von 1/2 Zitrone
Salz
frisch gemahlener weißer Pfeffer

Für den Gewürzbeutel:

3 Stengel Petersilie
3 Zweige frischer Fenchel
1 Zweig frischer Thymian
10 Pfefferkörner
10 Korianderkörner
3 Knoblauchzehen
1 Bund Petersilie

Die Frühlingszwiebeln waschen, putzen und das Grün abschneiden. Die Zwiebellauchstangen für ein anderes Gericht aufbewahren.

Die Zutaten für die Marinade in einem Topf mischen. Alle Gewürze in einen Mullbeutel geben. Mit einem Baumwollfaden zubinden und in die Marinade hängen.

Nun 15 Minuten kochen lassen. Die Zwiebeln zugeben, kurz aufkochen und dann noch 2–3 Minuten ziehen lassen.

Den Gewürzbeutel entfernen und die Zwiebeln in der Marinade auskühlen lassen.

Beim Servieren in eine Schüssel füllen und mit grob gehackter Petersilie bestreuen.

Marinierte Schalotten

Am Vortag zubereiten

4 Portionen

500 g Schalotten
1 Knoblauchzehe
250 g Möhren
4 EL Olivenöl
1 Zitrone
1/8 l Weißwein
50 g Rosinen
1 Lorbeerblatt
Salz
frisch gemahlener Pfeffer
1 TL Thymian
250 g Tomaten

Schalotten und Knoblauch abziehen, den Knoblauch fein hacken. Möhren putzen, schälen und würfeln.

Das Olivenöl in einem Topf erhitzen, Möhren und Knoblauch darin einige Minuten dünsten.

Zitrone auspressen. Den Saft mit Wein, 1/2 l Wasser, Rosinen, dem Lorbeerblatt, Salz, Pfeffer und Thymian zu den Möhren geben und aufkochen. Schalotten zufügen und bei schwacher Hitze zugedeckt ca. 20 Minuten garen.

In der Zwischenzeit die Tomaten kurz mit kochendem Wasser überbrühen, häuten und in kleine Würfel schneiden.

Das Schalottengemüse mit dem Kochsud in eine Schüssel geben und die gewürfelten Tomaten unterheben. Abkühlen lassen und anschließend im Kühlschrank mindestens 12 Stunden kalt stellen, damit das Gemüse durchziehen kann.

Gemüsegrill

4 Portionen

4 große Kartoffeln	
4 Gemüsezwiebeln	
4 Tomaten	
1 Aubergine	
1 großer Zucchino	
1 Paprikaschote	
Öl zum Bestreichen	
Salz	
Pfeffer	

Die Kartoffeln waschen, über Kreuz einschneiden und einzeln in Alufolie wickeln. Kartoffeln an den Rand der Glut in die heiße Asche legen und etwa 40 Minuten garen.

Die Zwiebeln abziehen, einzeln in Alufolie wickeln und nach 15 Minuten zu den Kartoffeln legen.

Die Tomaten, die Aubergine, den Zucchino und die Paprikaschote waschen. Den Blütenansatz von der

Aubergine und dem Zucchino entfernen, die Paprikaschote entkernen. Zucchino und Aubergine in dicke Scheiben, Paprika in daumendicke Ringe schneiden. Das Gemüse leicht mit Öl bestreichen. Die Tomaten einzeln in Alufolie wickeln. Alles über mittlerer Hitze 10 Minuten grillen.

Die fertigen Gemüsezwiebeln kreuzweise einschneiden und die Folie auseinanderziehen. Zwiebeln und das andere Gemüse mit Salz und Pfeffer würzen.

Als Beilage zu gegrilltem Fisch oder Fleisch reichen.

Ratatouille

4 Portionen

- 150 g Gemüsezwiebeln
- 1 kleine rote Paprikaschote
- 1 kleine gelbe Paprikaschote
- 300 g Auberginen
- 300 g Zucchini
- 300 g Tomaten
- 2 Knoblauchzehen
- 3 EL Olivenöl
- 1 EL Tomatenmark
- Salz
- frisch gemahlener Pfeffer
- 1 TL getrocknete, provenzialische Kräuter

Die Zwiebeln abziehen und grob hacken. Das Gemüse putzen, die Paprikaschoten entkernen. Das Gemüse waschen und in gleichmäßig große Würfel schneiden.

Die Knoblauchzehen abziehen und fein hacken.

Das Olivenöl in einem Topf erhitzen und die Zwiebeln glasig dünsten. Die Gemüsewürfel bis auf die Tomaten untermischen und kurz mitdünsten. Dann die Tomatenstücke, den Knoblauch, das Tomatenmark, Salz, Pfeffer und die getrockneten Kräuter zufügen.

Das Gemüse im halbgeschlossenen Topf bei kleiner Hitze 25 Minuten köcheln lassen, dabei gelegentlich umrühren. Das Gemüse soll weich werden, aber nicht zerfallen, die Flüssigkeit einkochen.

Eine ideale Beilage zu gebratenem Lamm oder Fleisch.

Steinpilze aus dem Ofen

2 Portionen

400 g große Steinpilzkappen (2–4 Stück)
Olivenöl oder Butter für die Formen und zum Beträufeln
1 Bund glatte Petersilie
2 Knoblauchzehen
Salz
frisch gemahlener schwarzer Pfeffer

Den Backofen auf 200°C vorheizen. Backpapier auf den Rost im Ofen legen. Die Steinpilze putzen, in den Ofen legen und mehrere Minuten wenden, bis sie heiß sind.

Die Kappen im ganzen oder in dicke Scheiben geschnitten in gefettete feuerfeste Förmchen legen.

Petersilie und den geschälten Knoblauch fein hacken und über die Pilze streuen. Salzen und pfeffern, mit Öl oder geklärter Butter beträufeln. Etwa 10 Minuten unter dem Grill im Backofen garen. Sofort servieren.

Kohlröschen auf römische Art

Statt der abgebildeten Cimone-Röschen können Sie auch Brokkoli oder Blumenkohl verwenden. Die Zubereitung eignet sich auch bestens als Resteverwertung für zarte Kohlröschen. Sie paßt zu allen Fleischgerichten.

2 Portionen

250 g Cimone- oder Brokkoliröschen
Salz
50 g magerer Bauchspeck
2 EL kaltgepreßtes Olivenöl
1 Knoblauchzehe
1 kleine, frische rote Chilischote
2 EL Zitronensaft

Die Kohlröschen putzen und waschen, zerteilen, die Stiele abschneiden und in kleine Stücke zerschneiden. Zugedeckt in wenig Salzwasser etwa 8 Minuten dünsten.

Inzwischen den Bauchspeck klein würfeln, mit 1 Eßlöffel Olivenöl in einer Pfanne ausbraten. Knoblauch schälen und dazupressen.

Die Chilischote aufschlitzen, die kleinen Kerne sorgfältig entfernen, die Schote hacken und ebenfalls in die Pfanne geben.

Den Zitronensaft mit etwas Salz verrühren, das übrige Öl mit dem Schneebesen unterschlagen, bis eine sämige Sauce entstanden ist, Bauchspeck untermischen, dann den abgetropften Kohl darin wenden. Einige Minuten durchziehen lassen.

Fenchel im Hemd

2 Portionen

1 mittelgroße Fenchelknolle
Salz
frisch gemahlener Pfeffer
2 dünne Scheiben gekochter Schinken
4 Schmelzkäse-Scheiben
Fett für die Form

Die Fenchelknolle waschen, die äußeren harten Blätter ablösen. Den Strunk abschneiden. Die Knolle längs vierteln. In wenig Salzwasser knapp 10 Minuten dünsten.

Abtropfen lassen, mit Pfeffer bestreuen, je mit einer halben Schinkenscheibe und mit einer Käsescheibe umwickeln. Kreisförmig in einer gefetteten Gratinform anordnen. Unter dem heißen Grill im Backofen gratinieren, bis der Käse goldbraun ist.

Variation:
Statt Schmelzkäse können Sie auch Butterkäse in nicht zu dünnen Scheiben verwenden. Für eine dicke Kruste und noch mehr Käsegeschmack eine Mornaysauce über das Gemüse träufeln. Dafür eine dicke Bechamelsauce kochen und mit reichlich geriebenem Käse und Muskatnuß würzen. Unter dem heißen Grill gratinieren.

Auberginen mit Grünkernfüllung

4 Portionen

2 Auberginen à 300 g
2 EL Zitronensaft
160 g Grünkernschrot
300 ml Gemüsebrühe
2 kleine Zwiebeln
2 Knoblauchzehen
2 EL Öl
1/2 TL gemahlener Koriander
1/2 TL gemahlener Kardamom
1/2 TL gemahlener Kreuzkümmel
2 Messerspitzen Cayennepfeffer
Salz
frisch gemahlener Pfeffer
6 Stengel Dill
60 g geriebener Emmentaler
100 g Schafskäse
2 Eier
Öl für die Form
1/8 l Weißwein

Die Auberginen waschen, den Stielansatz abschneiden, die Früchte der Länge nach halbieren und das Fruchtfleisch bis auf einen Rand von 1,5 cm mit dem Löffel herauslösen. Das Fruchtfleisch fein würfeln und ebenso wie die Auberginenhälften mit dem Zitronensaft beträufeln und ziehen lassen.

Den Grünkernschrot mit der Brühe verrühren, langsam aufkochen und bei ganz schwacher Hitze 20 bis 25 Minuten ausquellen lassen.

Inzwischen die Zwiebeln und den Knoblauch abziehen und fein hacken.

Das Öl in einer Pfanne erhitzen, Zwiebeln, Knoblauch und das gewürfelte Fruchtfleisch unter Rühren glasig dünsten. Mit den Gewürzen und dem feingehackten Dill abschmecken und mit der Grünkerngrütze vermischen. Den Emmentaler, den zerbröckelten Schafskäse und die Eier einrühren und nochmals mit Salz und Pfeffer abschmecken.

Die Auberginenhälften mit der Grünkernmischung füllen. Eine feuerfeste Form mit Öl ausstreichen, die Auberginen nebeneinander hineinsetzen und 1/8 l Weißwein angießen. Im vorgeheizten Backofen bei 200°C etwa 30 Minuten backen. Dann unter dem Grill 5 bis 10 Minuten goldbraun gratinieren.

Mit Tomatensauce und Schnittlauchröllchen anrichten.

Grünkernpflanzerl

4 Portionen

200 g Grünkernschrot
1/2 l Gemüsebrühe
2 Eier
125 g grob geriebener Emmentaler
1 Zwiebel
2 Knoblauchzehen
1/2 Bund glatte Petersilie
einige Tropfen Tabasco
frisch geriebene Muskatnuß
Salz
frisch gemahlener Pfeffer
Öl zum Bestreichen

Den Grünkernschrot mit der Brühe aufsetzen und unter Rühren zum Kochen bringen. Bei milder Hitze 20–30 Minuten ausquellen lassen, dann die Eier und den Käse untermischen.

Die Zwiebel und die Knoblauchzehen abziehen und sehr fein hacken. Die Petersilie waschen, trockenschütteln und hacken. Alles unter die Grünkernmischung geben und mit Tabasco, Muskat, Salz und Pfeffer würzig abschmecken. Aus dem Teig mit nassen Händen 4 ca. 2 cm dicke Pflanzel formen und auf beiden Seiten bei mittlerer Hitze in der Grillpfanne knusprig braun grillen.

Dazu schmecken würziger Tomaten- und Gurkensalat oder Ratatouille-Gemüse.

Knoblauch in der Folie

4 Portionen

- 4 kleine Knoblauchknollen
- Olivenöl zum Bestreichen
- Salz
- frisch gemahlener Pfeffer

Die äußeren, lockeren Schalen von den Knollen entfernen.

4 Stück Alufolie gut mit Olivenöl einstreichen und jeweils 1 Knoblauchknolle darauf setzen. Etwas Olivenöl über die Knollen träufeln und leicht salzen. Die Folie um die Knoblauchknollen wickeln.

Die Knoblauchpäckchen an den Rand der Glut in die heiße Asche legen und gut 30 Minuten garen.

Die Knoblauchknollen aus der Folie wickeln und das weiche Knoblauchfleisch mit dem Messerrücken aus den Schalen drücken. Das Knoblauchmus auf Brotscheiben streichen und mit Salz und Pfeffer würzen oder als Beilage zu gegrilltem Fleisch reichen.

Gefüllte Folienkartoffeln

2 Portionen

- 2 große gleichmäßige Kartoffeln
- Fett für die Folie
- 250 g Speisequark
- etwas Milch
- Salz
- frisch gemahlener schwarzer Pfeffer
- Paprikapulver, edelsüß
- 1/2 Bund glatte Petersilie
- etwas frischer Kerbel
- 1/2 Bund Schnittlauch

Die Kartoffeln gründlich waschen und schrubben, wieder abtrocknen, mehrfach einstechen, dann in gefettete Alufolie wickeln.

Bei 200°C im Backofen etwa 1 Stunde garen. Mit einem Metallspieß bereits nach 45 Minuten prüfen, ob die Kartoffeln durchgegart sind, ansonsten die Backzeit verlängern.

Inzwischen den Quark mit Milch verrühren, mit Salz, Pfeffer und Paprikapulver würzen. Die Kräuter fein hacken und den größeren Teil davon unter den Quark ziehen. Pikant abschmecken.

Die Kartoffeln auswickeln und kreuzweise einschneiden. Nach unten leicht zusammendrücken, um sie zu öffnen. Mit der Quarkcreme füllen, mit den übrigen Kräutern bestreuen.

Variation:
Servieren Sie die gebackenen Kartoffeln statt mit Quark mit einer Mischung aus saurer Sahne und Crème fraîche. Eine beliebige Kaviarsorte krönt das Gericht.

Gewürfelte Blechkartoffeln mit Schinkenspeck

6 Portionen

1 kg mehlige Kartoffeln
250 g Schinkenspeck
2 große Zwiebeln
Öl für das Backblech
2 TL Majoran
Salz
frisch gemahlener Pfeffer
50 g Butter

Kartoffeln waschen, schälen und in kleine Würfel schneiden. Schinkenspeck grob würfeln. Zwiebeln abziehen und hacken.

Ein Backblech mit Öl bestreichen. Kartoffelwürfel, Speck und Zwiebeln darauf verteilen. Mit Majoran, Salz und frisch gemahlenem Pfeffer kräftig würzen. Butter in Flöckchen darübergeben.

Auf der mittleren Schiene im Backofen bei 220°C ca. 20 Minuten backen.

Ballonkartoffeln

Wie alle guten Kartoffeln schmeckt auch die Ballonkartoffel am besten mit Butter. Sie paßt aber als Beilage zu fast allen Gerichten

2 Portionen

2 große mehlige Kartoffeln
Salz

Backofen auf 220°C vorheizen. Kartoffeln waschen, schrubben und trocknen. Jede Kartoffel waagerecht halbieren.

Kartoffelhälften mit der Schnittfläche nach oben auf den Rost legen, sie dürfen sich nicht berühren! Die Schnittflächen gleichmäßig, aber nur dünn mit Salz bestreuen. Kartoffeln auf der mittleren Schiene in den vorgeheizten Backofen schieben.

Zunächst schmilzt das Salz, dann überzieht sich die Schnittfläche mit einer dünnen „Haut", die sich nach etwa 25 bis 30 Minuten blasenförmig abhebt, bis sie gewölbt und hellbraun ist.

Nach dem Wölben sollten die Ballonkartoffeln noch mindestens 5 Minuten im Backofen bleiben.

Falls sich das Servieren hinauszögert, können Sie die Kartoffeln aber ruhig weitere 10 Minuten bei niedriger Temperatur im Backofen warm halten.

Fächerkartoffeln

6 Portionen

12 große mehlige Kartoffeln	
50 g Butter	
100 g Emmentaler in dünnen Scheiben	
200 g Kräuterbutter	

Die Kartoffeln waschen, schälen und fächerförmig einschneiden. Dazu legt man sie am besten auf einen Eßlöffel und schneidet mit einem scharfen Küchenmesser jeweils bis zum Löffelrand. So verhindert man, daß die Kartoffel versehentlich ganz durchgeschnitten wird.

Die Butter in einem kleinen Topf schmelzen und 6 der Kartoffeln damit einpinseln. Diese Kartoffeln leicht auffächern und in die Zwischenräume Käsestücke legen.

Die anderen 6 Kartoffeln mit der Hälfte der Kräuterbutter füllen.

Alle Kartoffeln auf ein Backblech setzen und im Backofen auf der mittleren Schiene rund 1 Stunde bei 200°C backen.

Zum Servieren auf jeden Teller 1 Käse- und 1 Kräuterkartoffel geben und mit der restlichen Kräuterbutter garnieren.

Neue Kartoffeln vom Blech

4 Portionen

750 g neue Kartoffeln
Öl für das Blech
50 g Butter
50 g grobes Salz
2 TL Kümmel

Kartoffeln unter fließendem Wasser gründlich abbürsten und halbieren.

Backblech mit etwas Öl einstreichen, die Kartoffeln mit der Schnittfläche nach unten darauf setzen.

Butter in einem Topf zerlassen und die Kartoffeloberseiten damit einpinseln. Mit Salz und Kümmel bestreuen.

Auf der mittleren Schiene im Backofen bei 220°C etwa 45 Minuten backen.

Variation:
Die gewaschenen Kartoffeln mit Küchenpapier trockentupfen und kreuzweise tief einschneiden.

Das Backblech dick mit Salz bestreuen. Kartoffeln in das Salzbett setzen.

Butter schmelzen, Kartoffeln damit einpinseln und mit wenig Salz würzen.
Bei 220°C im Backofen etwa 40 Minuten backen.

Knoblauchbaguette

4 Portionen

4 große Knoblauchzehen
125 g Kräuterbutter (s. Seite 117)
1 Baguette, ca. 350 g
2 EL geriebener Emmentaler

Die Knoblauchzehen abziehen, fein hacken und unter die zimmerwarme Kräuterbutter mischen.
Das Brot schräg in etwa 2 cm dicke Scheiben schneiden, aber nur so tief, daß die Scheiben an der Unterseite noch zusammenhalten.
In jeden zweiten Einschnitt Kräuterbutter streichen und etwas Emmentaler hineinstreuen. Die Brotscheiben zusammendrücken und fest in Alufolie einschlagen. Bei mittlerer Hitze etwa 15 Minuten grillen.
Das Knoblauchbrot aus der Folie wickeln und an den nicht bestrichenen Stellen auseinanderbrechen.

Bruschetta

4 Portionen

4 nicht zu dünne Scheiben italienisches Weißbrot
6 EL Olivenöl
4 Knoblauchzehen
Salz

Die Brotscheiben auf jeder Seite mit etwas Olivenöl bestreichen und auf dem Grill rösten, dabei einmal wenden.
Die Knoblauchzehen abziehen, halbieren und die frisch gerösteten Brote damit kräftig einreiben. Olivenöl darüber träufeln und mit Salz würzen.

Variation:
In der Folie gegarte Knoblauchzehen (s. Seite 132) auf das Brot geben oder die Brote mit Tomatenmarmelade (s. Seite 106) bestreichen.

Statt italienischem Weißbrot kann auch kräftiges Bauern- oder Graubrot mit etwas Öl geröstet werden.

Griechischer Bauernsalat

4 Portionen

4 Tomaten
1 rote Paprikaschote
1 gelbe Paprikaschote
1 Bund glatte Petersilie
1 Kopfsalat
1 Salatgurke
1 Gemüsezwiebel
150 g Schafskäse
2 EL Weinessig
2 TL Senf
Salz
frisch gemahlener Pfeffer
5 EL Olivenöl
2 hartgekochte Eier
50 g schwarze Oliven

Die Tomaten und die Paprikaschoten waschen. Die Tomaten achteln, die Paprikaschoten entkernen und in Streifen schneiden.

Die Petersilie waschen, trockenschütteln und fein hacken.

Den Kopfsalat putzen, waschen, in mundgerechte Stücke zupfen und gut abtropfen lassen.

Die Gurke schälen, der Länge nach halbieren und in Würfel schneiden.

Die Zwiebel abziehen und in feine Ringe schneiden. Den Schafskäse würfeln.

Aus Essig, Senf, Salz, Pfeffer, gehackter Petersilie und Olivenöl eine Marinade anrühren.

Alle Zutaten in eine Salatschüssel geben und die Marinade untermischen.

Die Eier schälen und vierteln. Den Salat mit den Eistücken und den Oliven garnieren.

Gartenfrische Blattsalate

4 Portionen

Je 1/2 Kopf Friséesalat, Romana, Eichblatt, Lollo Rosso oder ähnliche, eine Salatsorte kann auch durch 100 g Rauke, Brunnenkresse oder Feldsalat ersetzt werden.
3 EL Balsamico-Essig
2 EL Sherryessig
Salz
frisch gemahlener weißer Pfeffer
1/2 TL Dijonsenf
1 Knoblauchzehe
8 EL Olivenöl

Die Salatblätter putzen, waschen, abtropfen lassen und trockenschleudern, dann in mundgerechte Stücke zupfen.

Für die Salatsauce die beiden Essigsorten, Salz, Pfeffer und Senf in einer großen Schüssel mit dem Schneebesen aufschlagen.

Die Knoblauchzehe abziehen, halbieren und zugeben. Olivenöl nach und nach einrühren, bis die Vinaigrette sämig ist.

Kurz ziehen lassen, dann die Knoblauchzehe entfernen. Den Salat erst direkt vor dem Servieren durch die Vinaigrette ziehen.

Babyavocado-Salat

4 Portionen

400 g Babyavocados
2 EL Zitronensaft
125 g Kirschtomaten (Cocktailtomaten)
75 g Brunnenkresse
1/2 Kopf Friséesalat
3 Frühlingszwiebeln
Salz
frischgemahlener schwarzer Pfeffer
etwas Cayennepfeffer
4 EL Apfelessig
2 EL Walnußöl
4 EL kaltgepreßtes Traubenkernöl

Die Babyavocados schälen, in Scheiben schneiden und sofort in Zitronensaft wenden.

Kirschtomaten waschen und halbieren oder in Scheiben schneiden. Brunnenkresse waschen und verlesen, grobe Stiele abzwicken. Friséesalat waschen, trockenschleudern, putzen und mundgerecht zerzupfen. Die Frühlingszwiebeln putzen, waschen und in feine Ringe schneiden.

Salz, schwarzen Pfeffer, Cayennepfeffer und den Essig verquirlen, dann beide Ölsorten unterschlagen. Würzig abschmecken.

Alle vorbereiteten Zutaten auf 4 Tellern anrichten, das Dressing darüberträufeln.

Bunter Salat mit wilder Rauke

Wilde Rauke wächst fast überall in Mitteleuropa. Wir wurden allerdings darauf erst wieder aufmerksam gemacht, als die Salatrauke aus Italien unter dem Namen Rucola oder die französische Roquette auf unseren Märkten angeboten wurden. Inzwischen gibt es längst Salatrauke aus einheimischem Anbau. Die wilde Rauke ist kleinblättriger und wesentlich stärker gefiedert.

4 Portionen

100 g wilde Rauke oder
1 Bund Salatrauke
1 Kopf Radicchio
1/2 Kopfsalat
1 Fenchel
2 Möhren

Marinade:

1 EL Sherry-Essig
1 EL Balsamico-Essig
je 1 Prise Salz und Zucker
frischgemahlener weißer Pfeffer
4 EL kaltgepreßtes Olivenöl

Die Rauke verlesen, Stielansätze abschneiden, den Salat kurz waschen und trockenschleudern.

Die äußeren Blätter vom Radicchio abziehen, die Wurzel beschneiden, den Kopf halbieren und in Scheiben schneiden.

Kopfsalat verlesen, waschen, trockenschleudern und die Blätter mundgerecht zupfen.

Fenchelknolle putzen, waschen, halbieren und hauchdünn aufschneiden.

Die Möhren waschen, schälen und in Stifte hobeln.

Für die Marinade beide Essigsorten mit Salz, Zucker und Pfeffer verrühren. Das Olivenöl nach und nach zugeben, und die Marinade dabei mit dem Schneebesen sämig schlagen. Den Salat mit der Marinade erst kurz vor dem Servieren vermischen.

Zucchinisalat

4 Portionen

2 Zucchini
1 grüne Paprikaschote
Essigwasser
2 Stangen Staudensellerie
1 Kopfsalat
2 EL Selleriekraut vom Staudensellerie
Marinade:
Salz
2 EL Kräuteressig
1 TL mittelscharfer Senf
4 EL Distelöl

Die Zucchini putzen, waschen, abtrocknen und in 4 cm lange Stifte schneiden.

Die Paprikaschote vierteln, entkernen und in Streifen schneiden, mit heißem Essigwasser überbrühen.

Die Selleriestangen putzen, abziehen und sehr fein schneiden.

Den Salat putzen, waschen, trockenschleudern und die Salatblätter auf vier tiefe Teller verteilen. Das Selleriekraut putzen, waschen und fein hacken.

Zucchini, Paprika und Sellerie in einer Schüssel miteinander vermischen.

Für die Marinade alle Zutaten verrühren. Dann über das Gemüse gießen, alles vermischen und 30 Minuten durchziehen lassen. Den Zucchinisalat auf die vier Teller verteilen. Zuletzt mit Selleriekraut bestreuen.

Tomaten- und Gurkensalat

4 Portionen

Für den Tomatensalat

800 g Tomaten
1 Frühlingszwiebel
1 Knoblauchzehe
1/2 Bund Schnittlauch
Saft von 1 Zitrone
frisch gemahlener weißer Pfeffer
Salz
1 Prise Zucker
150 g Kefir, 1,5 % Fett
Für den Gurkensalat:
1 Salatgurke
1 Bund Dill
Saft von 1 Zitrone
1/2 TL scharfer Senf
frisch gemahlener weißer Pfeffer
Salz
1 Prise Zucker
175 g saure Sahne

Die Tomaten waschen, in dünne Scheiben schneiden und auf 4 Salattellern anrichten.

Die Frühlingszwiebel putzen und mit dem Grün fein hacken. Die Knoblauchzehe abziehen und durch eine Presse drücken.

Den Schnittlauch waschen, trockenschütteln und in dünne Röllchen schneiden.

Den Zitronensaft, Pfeffer, Salz und Zucker unter den Kefir rühren. Die Hälfte der Frühlingszwiebel, Knoblauch und Schnittlauch dazugeben und etwas durchziehen lassen. Vor dem Servieren über die Tomatenscheiben verteilen und mit der restlichen Frühlingszwiebel bestreuen.

Für den Gurkensalat die Gurke unter heißem Wasser gründlich waschen, mit der

Schale in dünne Scheiben hobeln und in eine Salatschüssel geben.

Den Dill waschen, trockenschleudern und fein hacken.

Den Zitronensaft, Senf, Pfeffer, Salz und Zucker unter die saure Sahne rühren, die Hälfte des Dills untermischen und etwas durchziehen lassen. Über den Gurkensalat verteilen und mit dem restlichen Dill garnieren.

Pilzsalat mit Lollo rosso und Haselnüssen

4 Portionen

75 g durchwachsener Räucherspeck
50 g Haselnußkerne
1 kleine Knoblauchzehe
4 EL Balsamessig
Salz
frischgemahlener schwarzer Pfeffer
3 EL kaltgepreßtes Olivenöl
1 EL Haselnuß- oder Walnußöl
350 g große feste Egerlinge
einige Blätter Lollo rosso
75 g Salatrauke

Den Schweinebauch klein würfeln, in einer Pfanne bei mittlerer Hitze ausbraten. Die Haselnußkerne hacken und mit anbraten, den Knoblauch schälen und dazu pressen. Aus der Pfanne nehmen und beiseite stellen.

Die Pfanne vom Herd nehmen, etwas abkühlen lassen, dann den Essig hineingießen und dadurch den Bratsatz lösen. In eine Schüssel umfüllen, mit Salz und Pfeffer würzen, beide Ölsorten unterschlagen.

Die Egerlinge abreiben, putzen und in Scheiben schneiden. Lollo rosso und Salatrauke waschen, trockenschütteln und mundgerecht zerzupfen, auf vier Tellern anrichten, die Pilze daraufgeben.

Schweinebauch-Nuß-Mischung darüberstreuen, das Dressing aufträufeln. Sofort servieren.

Spanischer Gemüsesalat

8 Portionen

2 Packungen tiefgekühlte grüne Bohnen
Salz
1 große Zwiebel
2 Knoblauchzehen
4 EL Weißwein- oder Sherryessig
6 EL Olivenöl
frisch gemahlener schwarzer Pfeffer
1 Dose Maiskörner, 375 g
1 Packung Cocktailtomaten, 250 g
2 Bund glatte Petersilie

Die Bohnen knapp mit Salzwasser bedecken und 5 Minuten kochen. Abtropfen lassen und in eine große Salatschüssel geben.

Inzwischen die Zwiebel und die Knoblauchzehen abziehen und fein hacken.

Essig mit Salz und Olivenöl zu einer sämigen Marinade schlagen.

Zwiebel, Knoblauch und Marinade über die noch warmen Bohnen verteilen und reichlich mit frisch gemahlenem Pfeffer bestreuen.

Die Maiskörner abtropfen lassen. Die Cocktailtomaten waschen, trocknen und halbieren. Die Petersilie waschen, trockenschleudern, die Blätter von den Stengeln zupfen und grob hacken.

Alle Zutaten unter die Bohnen heben und den Salat mindestens 1 Stunde durchziehen lassen. Vor dem Servieren mit Salz und Pfeffer abschmecken.

Bunter Gemüsesalat

2 Portionen

200 g Brokkoli
Salz
80 g zarte, junge Maiskölbchen
1/2 kleine rote Paprikaschote
75 g Maiskörner aus der Dose
1 Zwiebel
1 Knoblauchzehe
frisch gemahlener schwarzer Pfeffer
2 EL Balsamessig
3 EL kaltgepreßtes Öl

Brokkoli putzen und waschen. Die Stiele abziehen und kleinschneiden, in ganz wenig leicht gesalzenem Wasser 4 Minuten dünsten. Die Brokkoliröschen zerteilen, zu den Stielen geben, noch 4 Minuten mitdünsten.

Das Wasser auffangen, Brokkoli in Eiswasser geben, anschließend gut abtropfen lassen.

Die Maiskölbchen putzen und waschen, in Stücke schneiden und in wenig Salzwasser 5 Minuten dünsten, ebenfalls in Eiswasser geben und abtropfen lassen.

Paprikaschote putzen, halbieren, Kernchen und die hellen Trennhäute entfernen. Die Hälften waschen und würfeln. Evtl. in Salzwasser 1 Minute blanchieren. Maiskörner aus der Dose abtropfen lassen. Alle Gemüse mischen.

Zwiebeln und Knoblauchzehen schälen und winzig klein würfeln. In der Brokkolibrühe 3 Minuten dünsten. Mit Pfeffer würzen, den Essig und das Öl einrühren. Das Gemüse darin wenden und abkühlen lassen.

Das Gemüse ist auch nach mehreren Stunden noch knackig .

Lauchsalat

4 Portionen

3 Stangen Lauch
1/2 Bund Frühlingszwiebeln
1 Becher Magerjoghurt, 150 g
Saft von 1/2 Zitrone
1 Prise Zucker
Salz
frisch gemahlener Pfeffer
2 EL Öl
2 Äpfel
150 g Edelpilzkäse

Lauch putzen, gründlich waschen und in feine Ringe schneiden. In kochendem Wasser 2 Minuten blanchieren, abgießen und kurz in Eiswasser legen. In einem Durchschlag gut abtropfen lassen.

Frühlingszwiebeln putzen und bis auf die äußersten grünen Blätter sehr fein schneiden.

Joghurt, Zitronensaft, Zucker, Salz, Pfeffer und Öl zu einer Marinade verrühren.

Die Äpfel schälen, vierteln und das Kerngehäuse entfernen. In dünne Scheiben schneiden oder hobeln.

Lauch, Zwiebeln und Apfelscheiben mit der Marinade gut vermischen und vor dem Servieren etwas durchziehen lassen. Vor dem Anrichten den Käse krümelig über den Salat streuen.

Speckkrautsalat

1–2 Stunden vorher zubereiten

6 Portionen

1 Kopf Weißkohl, ca. 1 kg
Salz
10 EL Essig
1/4 l Brühe
1 TL Kümmel
250 g Frühstücksspeck in Scheiben
Salz
frisch gemahlener Pfeffer

Den Weißkohl vierteln, den Strunk entfernen und den Kohl fein hobeln.

Das gehobelte Kraut in leicht gesalzenem, kochendem Wasser 1 Minute blanchieren. Abgießen, abtropfen lassen und noch heiß in eine Salatschüssel umfüllen.

Den Essig mit der Brühe und dem Kümmel erhitzen und über das Kraut gießen.

Den Frühstücksspeck fein würfeln und in einer trockenen Pfanne auslassen. Die Speckwürfel unter den Salat heben und mit Salz und Pfeffer abschmecken. Den Krautsalat zugedeckt 1–2 Stunden durchziehen lassen.

Bunter Fenchelsalat

4 Portionen

2 Fenchelknolllen
3 Stangen Sellerie
1/2 Kopf Eisbergsalat
2 EL Weinessig
1 TL Senf
frisch gemahlener Pfeffer
1 Prise Zucker
5 EL kaltgepreßtes Olivenöl
1 Orange
1 roter Apfel
75 g gehackte Walnußkerne

Die Fenchelknollen und die Selleriestangen putzen, waschen und in Streifen schneiden.

Eisbergsalat grob zerschneiden, waschen und gut abtropfen lassen.

Aus Essig, Senf, Salz, Pfeffer, Zucker und Olivenöl eine Salatsauce schlagen.

Fenchel und Sellerie in eine Schüssel geben und die Sauce unterziehen.

Die Orange schälen und in Würfel schneiden. Den Apfel samt Schale würfeln. Mit dem Eisbergsalat über den Fenchel geben und vorsichtig untermischen. Walnüsse darüberstreuen und sofort servieren.

Partysalat

6 Portionen

250 g bunte Spiralnudeln
Salz
1 EL Öl
300 g Fleischwurst
350 g mittelalter Gouda
2 rote Zwiebeln
1 Fenchelknolle
1 grüne Paprika
1 große Möhre
4 feste Tomaten
200 g Essiggurken
2 hartgekochte Eier
150 g Maiskörner (aus der Dose)
50 g schwarze Oliven
3 TL Kapern

Marinade:
6 EL Essig
2 EL mittelscharfer Senf
Salz
frisch gemahlener weißer Pfeffer
8 EL Öl
etwas Gartenkresse zum Garnieren

Die Nudeln in Salzwasser kochen, kalt spülen und mit dem Öl vermischen.

Die Wurst in Scheiben, den Käse in Würfel schneiden. Das Gemüse waschen und putzen. Alles in mundgerechte Stücke zerteilen.

Die Zutaten miteinander mischen und in eine große Schüssel füllen.

Die Marinade anrühren und darübergießen, 1 Stunde durchziehen lassen.

Zum Servieren mit etwas Kresse überstreuen.

Selleriesalat mit Vinaigrette

4 Portionen

2 kleine Sellerieknollen
Salz
5 EL Weinessig
1 EL Dijon-Senf
1 Prise Zucker
frisch gemahlener Pfeffer
8 EL kaltgepreßtes Olivenöl
2 Schalotten
1 Knoblauchzehe
1 Gewürzgurke
2 Eier
1/2 Bund glatte Petersilie
1/2 Kästchen Kresse

Sellerieknollen waschen und schälen.

3/4 l Wasser mit etwas Salz und 2 Eßlöffel Essig zum Kochen bringen. Die Knollen darin ca. 30 Minuten bei mittlerer Hitze kochen lassen. Herausheben, kurz mit kaltem Wasser abschrecken, vierteln und in gleichmäßige Scheiben schneiden. In eine flache Schüssel schichten.

Aus dem restlichen Essig, Senf, Zucker, Salz, Pfeffer und Olivenöl eine Marinade rühren.

Schalotten und Knoblauchzehe abziehen und mit der Gewürzgurke sehr fein hacken. Unter die Marinade mischen und alles über die warmen Selleriescheiben gießen. 30 Minuten durchziehen lassen.

In der Zwischenzeit die Eier hart kochen.

Petersilie waschen, trockentupfen und ebenso wie die harten Eier fein hacken. Kresse abschneiden. Vor dem Servieren die gehackten Eier und die Kräuter über den Selleriesalat streuen.

Bohnensalat mit Schafskäse

Bohnen 8 Stunden einweichen

4 Portionen

150 g weiße Bohnen
150 g rote Bohnen
Salz
280 g tiefgefrorener Mais
8 Schalotten
200 g Schafskäse
1 Bund Petersilie
1 Knoblauchzehe
frisch gemahlener schwarzer Pfeffer
3 EL Weißweinessig
1 TL Zitronensaft
5 EL Distelöl

Die weißen und roten Bohnen getrennt mindestens 8 Stunden in reichlich Wasser einweichen, am besten über Nacht.

Weiße Bohnen mindestens 70 Minuten, rote Bohnen ca. 1 Stunde im Einweichwasser kochen. Kurz vor Ende der Kochzeit leicht salzen. Dann abtropfen und auskühlen lassen.

Die Maiskörner ca. 30 Minuten auftauen. Die Schalotten abziehen und vierteln. Den Käse würfeln. Die Petersilie waschen, von den groben Stielen befreien und hacken.

Bohnen, Maiskörner, Schalotten, Käse und Petersilie in einer Schüssel vorsichtig vermischen.

Den Knoblauch abziehen und fein hacken. Zusammen mit 1 Prise Salz, Pfeffer, Essig, Zitronensaft und Öl zu einer Marinade verrühren und über den Salat gießen. Mindestens 30 Minuten ziehen lassen.

Tip:
Wenn es schnell gehen soll, können auch 400 g weiße Bohnen aus der Dose oder dem Glas verwendet werden. Allerdings zieht das Aroma der Marinade besser ein, wenn die Bohnen noch warm sind.

Bohnensalat mit Tomatensauce

Die Bohnen über Nacht in reichlich kaltem Wasser einweichen.

4 Portionen

150 g getrocknete weiße Bohnenkerne
Salz
2 rote Zwiebeln
1 Knoblauchzehe
2 EL Essig
Cayennepfeffer
4 EL Öl
5 EL Tomatenpüree, Fertigprodukt
1 EL Sojasauce

Am nächsten Tag die Bohnen mit dem Einweichwasser zum Kochen bringen, in 50 bis 60 Minuten bei milder Hitze bißfest garen. Kurz vor dem Ende schwach salzen, dann in ein Sieb abgießen.

Die Zwiebeln abziehen und in Ringe schneiden. Den Knoblauch abziehen und durch die Presse drücken.

Den Essig mit Salz und Cayennepfeffer verrühren, das Öl unterschlagen. Sofort mit den noch warmen Bohnen, den Zwiebelringen und dem Knoblauch vermischen, etwa 2 Stunden ziehen lassen.

Dann das Tomatenpüree und die Sojasauce verrühren, mit dem Bohnensalat vermengen und mit Cayennepfeffer pikant abschmecken.

Salade Niçoise

4 Portionen

400g festkochende Kartoffeln
400g frische Prinzeßbohnen
Salz
2 Eier
1 kleines Glas Sardellenfilets in Öl
400 g Kirschtomaten
1 grüne Paprikaschote
1 rote Zwiebel
12 schwarze Oliven
3 EL Essig
frisch gemahlener schwarzer Pfeffer
6 EL Olivenöl
etwas Kerbel

Die Kartoffeln waschen, im Siebeinsatz über Dampf 30 bis 40 Minuten gar kochen. Dann auskühlen lassen.

Die Bohnen waschen, putzen und in wenig Salzwasser 5 bis 10 Minuten bißfest garen. Dann abtropfen und auskühlen lassen.. Die Eier in 10 Minten hart kochen, dann abschrecken, pellen und längs halbieren.

Sardellenfilets in einem kleinen Gefäß in Wasser legen. Die Tomaten waschen, 8 Stück beiseite legen, den Rest halbieren.

Die Paprika halbieren, Kerne und Trennhäute entfernen. Die Hälften waschen und in schmale Streifen schneiden.

Die Zwiebel schälen, halbieren und in sehr dünne Scheiben schneiden.

Die Kartoffel schälen und in 1 cm große Würfel schneiden. Zusammen mit den anderen vorbereiteten Zutaten in einer breiten Schüssel dekorativ anrichten. Die Sardellenfilets mit Küchenpapier trockentupfen. Mit den Oliven auf den Salat geben.

Für die Marinade Essig, 1/2 Teelöffel Salz und Pfeffer verrühren, das Öl kräftig unterschlagen und über den Salat träufeln. Kerbel waschen, trockenschütteln und darüberstreuen.

Rettich-Radieschensalat

1 Stunde vor dem Servieren zubereiten

4 Portionen

- 2 Rettiche
- 1 Bund Radieschen
- 100 g Roquefortkäse
- 200 g Schlagsahne
- 2 EL Weißweinessig
- 1 Prise Zucker
- Salz
- frisch gemahlener Pfeffer
- 1 Bund Schnittlauch

Rettiche und Radieschen unter fließendem Wasser gründlich abbürsten, Rettiche schälen, Radieschen putzen und beides in hauchdünne Scheiben hobeln.

Den Käse mit einer Gabel zerdrücken. Mit Sahne, Essig, Zucker, wenig Salz und Pfeffer verrühren.

Schnittlauch waschen, mit Küchenpapier trocknen und in Röllchen schneiden. Zur Roquefortsauce geben.

Rettich- und Radieschenscheiben in einer Schüssel mischen, die Sauce darübergießen und vorsichtig unterheben. Den Salat an einem kühlen Ort vor dem Servieren noch 30 Minuten lang durchziehen lassen.

Schwäbischer Kartoffelsalat

4 Portionen

1 kg Salatkartoffeln	
Salz	
200 ml heiße Fleischbrühe	
4 EL Weinessig	
2 TL scharfer Senf	
1 Prise Zucker	
frisch gemahlener Pfeffer	
2 EL Öl	
2 kleine Zwiebeln	
1 Salatgurke	
1 Bund Schnittlauch	

Kartoffeln waschen und in Salzwasser ca. 30 Minuten gar kochen.

Abgießen, mit kaltem Wasser abschrecken, schälen und abkühlen lassen. Anschließend Kartoffeln in gleichmäßig dünne Scheiben schneiden und in eine Salatschüssel geben.

Aus der heißen Fleischbrühe, Essig, Senf, Zucker, Salz, Pfeffer und Öl eine Marinade zubereiten und über die Kartoffelscheiben gießen.

Zwiebeln abziehen und fein hacken. Vorsichtig unter den Salat mischen. Zugedeckt mindestens 1 Stunde durchziehen lassen. Anschließend noch einmal abschmecken.

Gurke schälen. Mit dem Gurkenhobel in dünnen Scheiben zum Salat reiben und untermischen.

Schnittlauch waschen, trockentupfen und in feine Röllchen schneiden. Vor dem Servieren über den Salat streuen, etwas Pfeffer aus der Mühle darübermahlen.

Pikanter Kartoffelsalat mit Ei

4 Portionen

1 kg Salatkartoffeln	
Salz	
6 EL Salatmayonnaise	
150 g Sauerrahm	
4 EL Weinessig	
frisch gemahlener Pfeffer	
1 Prise Zucker	
1 EL Öl	
1 rote Paprikaschote	
1 große Zwiebel	
3 Gewürzgurken	
1 EL Kapern	
2 Eier	
1 Bund Schnittlauch	

Kartoffeln gründlich waschen und in Salzwasser ca. 30 Minuten gar kochen.

In ein Sieb abgießen, mit kaltem Wasser kurz abschrecken, schälen und auskühlen lassen. In gleichmäßig dünne Scheiben schneiden.

Aus Mayonnaise, Sauerrahm, Essig, Pfeffer, Zucker, Salz und Öl eine Marinade zubereiten. Kartoffelscheiben und Marinade in einer Schüssel gründlich vermischen.

Paprika putzen, entkernen und in feine Würfel schneiden.

Zwiebel abziehen. Zusammen mit den Gewürzgurken und den Kapern fein hacken. Alles unter den Salat mischen. Im Kühlschrank mindestens 1 Stunde zugedeckt durchziehen lassen.

Die Eier hart kochen. Abschrecken, schälen und achteln.

Schnittlauch waschen, trockentupfen und in feine Röllchen schneiden.

Den Kartoffelsalat mit den Eiern und dem Schnittlauch garnieren.

Register